擺脫被操控的人生

私を振り回してくるあの人から
自分を守る本

學會拒絕，遠離想控制你的人

Joe——著
劉淳——譯

前言　為什麼我們會被耍得團團轉？

若是被人拜託就無法拒絕。

回過神來才發現自己完全被對方牽著鼻子走。

總覺得自己被利用，因而感到心情鬱悶……。

雖然也有人說，若是討厭對方，只要直接遠離就好，但人際關係並沒有這麼簡單。

職場的人際交流、媽媽友（孩子同儕的媽媽）、親戚等等，都是想抽身也做不到的狀況。有些人就算不想去討他們的歡心，但也不能惹他們討厭。

可是，在不知不覺間被對方牽著鼻子走、被硬塞一堆麻煩的工作，或是被迫一起做一點也沒興趣的事，還是讓人很反感。

這時必須思考的是，我們為什麼會被人耍得團團轉呢？

其實，所有「容易被耍得團團轉」的人，都有一個共通點。

就是「太過敞開自己的心扉」。

一直敞開「自己的心扉」，會讓我們的心毫無防備，和身邊任何一個人都能產生連結。正因如此，才會受到脅迫與控制。這種狀態一般就稱為「被耍得團團轉」。

那麼，該怎麼做才能讓我們不再被耍，能夠以自己的意志打開、關上心扉呢？

其實，誰都看不到你的「內心」

直接說結論：其實，沒有任何人看得到你的「內心」，你的心也沒有跟其他人有聯繫。你的情緒、正在思考的事情、性格……等等，都只存在你的心裡，沒有任何人可以看見。

如果有人好像看透了你的心，也不過是那個人從你的「言行舉止」去推測你的「內心」而已，絕不是真正看到了你的心理狀態。

另一種可能是，當你覺得對方看透了你的「內心」，其實只是因為你按照自己的想法行動，結果造成自己內心被看透的錯覺，因而感到不安而已。

只要不照著自己的想法行動就好

這樣一想，很容易就能找到擺脫受人宰制的方法。

只要「採取和自己想法不一樣的行動」就好。

其實，「你的心」和「你的言行」本來就兩不相同。任何人在任何時候，都能做出和自己「內心」不同的「行動」。

我們能做的不是只有「跟隨」內心，也可以「為了」內心而行動。

如前所述，任何人都無法看透別人的「內心」。除了超能力者，每個人都只能從別人的「言行」來「推測」對方的「內心」。

因此，下次被人耍得團團轉時，只要在對方面前刻意做出「和內心想法不同的行動」，對方便無法推測你的心思，也無法繼續操弄你，這樣就能成功保護「自己的心」，不受對方傷害。

當然，我們沒有必要對所有人都隱藏自己的內心。和想要敞開心扉的對象相處時，可以盡情讓「自己的心」和「自己的言行舉止」一致。有許多親密的感情也都是這樣培養起來的。

不過，我想對各位說的是：「不用對所有人都那麼做」。

這世上的人，不是每個人都對你懷抱善意，有些人只想占你便宜、利用你。若是對這樣的人也敞開心扉，按照自己的心意行動，對方就會從你的「言行」推測出你「內心」所有的想法，甚至認為自己可以輕易地操縱你、利用你。

本書將介紹許多讓各位可以「為了守護」自己的心所採取行動的具體技巧。只要學會其中一種本書所提到的方法，就能立刻採取與「內心」無關的「行動」。

當做得到分離內心所想和言行，對方就無法猜透你的心思，也無法再操控你。不僅如此，你還會知道自己該怎麼行動才能得到對方的尊重。

而且，還能選擇讓「自己的心」更有活力的「言行」，讓自己的心情更加愉悅。

把「自己的心」和「言行舉止」想成是兩種東西，時而將兩者連接在一起，時而切離，這樣的技術能讓你的人生輕鬆許多，且更加豐富多彩。

接下來，本書將從方法1開始介紹，為了守護自己的「內心」，該採取

原來妳願意幫忙啊
呃……好的
嗯……我會去做
壓
力
看穿妳的內心
壓
力
其實我根本不想做，但不好意思拒絕……
哎呀…真遺憾
壓
力
壓
力
下次再說吧！
不好意思
改變「言行」，保護自己的「心」

什麼樣的「言行」，以及具體的技巧。每個人都能學會這些技巧，所以請放心輕鬆學習。

本書介紹的方法重點與效果

- 自己的「內心」與「言行舉止」是兩回事。我們可以把「內心」與「言行」分開，選擇更不吃虧的「行動」。
- 你的「內心」是你自己的「本質」，也是你必須保護的重要事物，完全不須要改變。為了保護內心免受改變，我們可以調整「自己的言行舉止」，展現給對方看。

• 人本來就無法看透別人的「內心」，只能由別人的「言行舉止」來「推測」對方的想法，因此，當你故意選擇與「內心」不同的「言行舉止」，對方就無法猜透你的想法。

• 猜不透你的想法時，對方就無法再把你耍得團團轉，而且必須比以前更尊重你。

• 刻意區分「內心」與「言行」，製造出兩者之間的落差，能讓你擁有神祕的魅力，讓對方為此著迷。

• 能夠選擇讓「內心」更有活力的「言行」，讓自己心情愉快。

目錄

序章

方1法

打造任何人都無法趁隙利用的堅實基礎……43

方2法

當一個不被討厭、不被憎恨的「拒絕達人」……73

方法3

用「自然的威嚴」讓對方自然遠離……137

方法4

序章

良好的人際關係是保有距離感

擅長與對方
保持適當距離的人

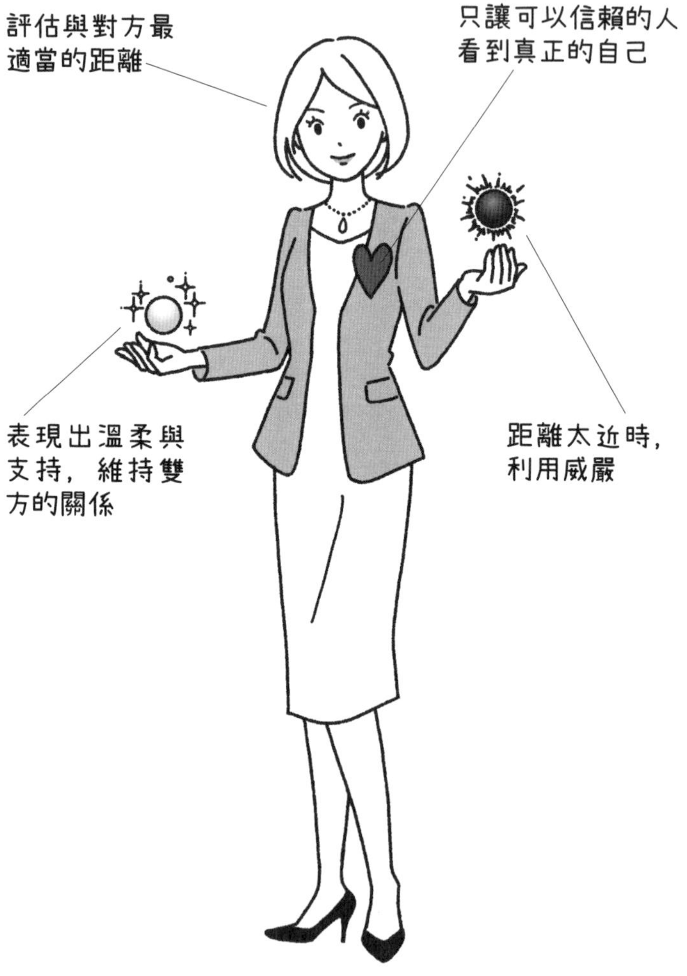
評估與對方最
適當的距離
只讓可以信賴的人
看到真正的自己
表現出溫柔與
支持，維持雙
方的關係
距離太近時，
利用威嚴

人際關係「愈近愈好」是一種誤解

我認為人際關係煩惱的大部分，不，大概有九成以上都來自「弄錯了雙方的距離感」。

麻煩的是，適當的距離感沒有一般性的標準，必須看你與對方的個性。以「夫妻」為例，有些夫妻須要整天膩在一起才能保持圓滿的關係；有些夫妻則是因為相處時間不長，才能維持感情。

「好朋友」也一樣，有些人是每天都要彼此聯絡，經常報告自己的狀況，藉此增添情感聯繫；也有些好友是一年才見一次面，但見了面就會親密相處。

也就是說，我們沒有辦法去決定夫妻的標準距離感，或是好友的標準距離感，只能自行評估「跟這個人的距離這樣剛好」「跟那個人要那樣才適合」，按照自己與對方的個性，適當的距離感也會有所不同。

因此，要建立良好的人際關係，必須經常自問自答：「我現在跟對方的距離感是恰當的嗎？」

如果現在有人總是把你耍得團團轉，那麼你應該經常煩惱著該如此拒絕對方的邀約或請託，甚至是閱讀本書的現在就正在煩惱著。

拒絕是有訣竅的。本書的「方法2」介紹有許多「拒絕戰術」。若你現在就有想拒絕的事情，或是正因為想拒絕別人硬塞過來的任務而煩惱，建議先閱讀「方法2」的章節，試著使用書中的策略。

不過，相信大部分讀者真正希望得到的是「今後不再被耍得團團轉」的人際關係。

不論是現在經常使喚你的人，還是將來認識的新朋友，總之今後再也不想被任何人給耍得團團轉了。為此，我們必須「找出適當的距離感」。

並不是所有人都會被耍得團團轉而感到困擾。

然而，現狀就是，你一直被眼前的人耍得團團轉，總是因此感到疲累。事實上，這代表你沒有正確掌握與別人的距離感。

至今為止，在所有我看過的狀況中，**每一個容易被耍得團團轉的人都是與對方走得太近**。彼此的距離愈近，愈容易被看透內心，這也是經常被對方看穿想法的原因之一。

那麼，為什麼我們會試圖接近對方呢？我想這是因為我們心中常有「人際關係愈近愈好」的誤解。

或許你也是這樣，即使覺得對方對待你的方式不正確，仍然不斷告訴自己「是因為我不夠靠近他」「只要他理解我，我們就能融洽相處」，甚至更加努力拉近對方與自己的距離。

正是如此，才會讓你被對方牽著鼻子走。

在精神暴力的諮商中，幾乎所有案例都是在跟對方保持物理或心理距離後，狀況就迅即改善了。

被害者希望對方多了解自己，因而主動接近加害者，反而會讓加害者繼續得逞。因此一旦換成相反的「保持距離」策略，這種狀況就大幅改善了。

別把「獅子和斑馬」放進同一個籠子

人際關係並沒有不能離得太遠，或是愈近愈好這種限制。

事實上，與別人相處時必須評估與對方的距離感，調整到「自己的舒適範圍」。就像聽廣播調整音頻以找到最清晰的頻率一樣。

請試著屏除自己的期待，客觀想像你與對方須要保持多遠的距離，才能讓你不被對方耍得團團轉，又能夠持續雙方的人際關係。如果你與對方現在的距離比這個理想距離還近，今後就要把距離拉遠一點。請做好心理準備，這須要花一點心思。

或許有很多人會覺得：「要跟人保持距離也太悲傷了」「我沒辦法做這種對不起別人的事」。

我們從小受到的教育，就是「要跟大家保持良好的關係」。再加上容易被耍得團團轉的人，多半都是溫柔善良的「好人」，所以會覺得跟人保持距離很傷人。這時，希望你可以試著這樣思考。

如果你是動物園的飼育員，會把獅子和斑馬關進同一個籠子嗎？獅子可能會因為肚子餓而獵殺斑馬，因此我們當然不會把獅子和斑馬放在一起。

獅子和斑馬無法待在一起，這件事既不悲傷也不過分。只是因為獅子是肉食動物，斑馬是草食動物，兩者性質不同，若想讓牠們都活下去，別關進同一個籠子會比較好。

人際關係也是如此。

假設你是斑馬，對方是獅子，接近對方就代表表現出「請吃掉我吧」，也就是「盡量耍我，牽著我的鼻子走吧？」等於是自己送上門去。以雙方的屬性來說，距離實在太過接近了。

今後請試著思考：「這個人跟我的距離感，現在這樣合適嗎？」若是覺得「距離過近」，請先拉遠距離。這麼做既不悲傷也不過分，只是一種「判斷」而已。

為對方分類——是想要被對方所愛，還是不希望惹他討厭

距離感就是人際關係的全部。

不過，我們該如何衡量與對方的適當距離感呢？請先將對方分類為以下兩種類型。

①你想要受對方喜愛，或是②不希望惹他討厭？

也就是說，你是希望對方喜歡你，還是並沒有希望得到對方的喜愛，只是想要保持不被討厭的和平關係呢？你期待在這段關係裡得到「愛」還是「和平」？

不論是夫妻、朋友，還是上司、同事、媽媽友，所有人際關係都適用這個分類法。

當你發現「原來我只是不想惹對方討厭」，就能夠擺脫「人際關係愈近愈好」的誤解，不再覺得保持距離是件悲傷或過分的事，能夠自由使用各種訣竅。

你想要得到對方的「愛」時，才是最危險的。

也就是你心裡覺得「希望這個人喜歡我、愛我」時。

如果是雙方彼此重視、相親相愛的關係，就沒有什麼問題。

不過，當對方耍得你團團轉，會讓你覺得討厭，也會感到煩惱「為什麼老是會這樣」「難道沒有什麼解決辦法嗎」，這時，要說對方對你有沒有

「愛」，其實是沒有的。就算對方滿口都是「這是為你好」「我覺得這樣比較好」，事實上就是不尊重你的意見。

對方沒有給出「愛」，你卻表現出「請你愛我」的言行舉止，因此才容易陷入要人與被要的關係。

在這種狀況下，必須先放下「愛」，先採取以「和平」為重的言行舉止。也就是說，以「至少不要惹對方討厭，建立和平的關係」為目標，是目前最適合的方法。

即使非常想要得到對方的愛，也要先告訴自己：「現在只要不被討厭就好。」

接著，請試著思考：「該用什麼樣的頻率跟對方接觸才是剛剛好？」

每天都可以見面，還是一週一次或一個月一次，或者半年一次就已經是極限？什麼樣的見面頻率才能和對方建立長久而和諧的關係？

以這個觀點重新審視你與對方間的關係與距離感，能幫助你使用接下來介紹的訣竅。

嘗試客觀看待你與對方間的關係，可以減輕「保持距離很悲傷、很過分」的情緒。

人際關係是雙方的事，因此距離感的調整無法完全由你掌握主導權。不過，當我們有意識地控制每天的言行舉止，就有機會掌握大部分的主導權。

策略是改變自己的言行舉止，並改變對方，讓對方未來不再把你耍得團團轉。從「方法1」開始，會告訴你有哪些方法可以達成上述的目標。

把你對人的「喜歡或討厭」調整到「普通」

把「喜歡或討厭」的情緒歸零，可以讓你有效避免太過接近對方。

情緒會消耗大腦的容量。不論是「喜歡」還是「討厭」，只要對別人有特定的情緒，就會消耗大腦的能量，因而令人疲憊。

如果對方值得你使用大腦，就盡量用吧。不過，你不須要為了把你耍得團團轉的人用腦。因此，不要「喜歡」這個人，也不要「討厭」他，只要覺得「普普通通」就好。

服務業的滿意度調查問卷中，一般都會有「非常滿意」「滿意」「普通」「稍微不滿」「不滿」等選項，中間一定會有「普通」。

然而，我們在面對人際關係時，總會在無意識之間把對方歸類到「喜歡」或「討厭」。

我們對別人的感受是「超喜歡」「喜歡」「還算喜歡」「有點討厭」「討厭」「超討厭」，而且總覺得一定要偏向「喜歡」或「討厭」。

在這樣的量表裡，缺少了滿意度問卷調查一定會有的「中間選項」。

我們之所以會弄錯與對方的距離，這也是原因之一。

對於把你耍得團團轉的人，你可能只是覺得「困擾」，並不是「討厭」，對吧？

這種「不討厭」的感覺，代表你對他「還算喜歡」。這種無意識中的分類會引發誤解，讓自己誤以為「因為喜歡，所以想更接近一點」「應該努力接近對方」。

今後，請努力讓自己在自問：「我覺得那個人如何？」的時候可以清楚回答：「普通。」即使內心覺得：「不，一定有一點喜歡或是討厭。」也要明確告訴自己：「不，普通就是普通。」

如此一來，人際關係就會一口氣變輕鬆。因為你既不討厭，也不喜歡對方。對方對你來說，只是一個非常「普通」的人，你沒有必要為這樣的人背負著「因為喜歡，所以必須給予回應」的十字架。

將對方分類成「普通人」，你就不會再被耍得團團轉，可以百分百按照自己的意志決定如何應對，不須在意自己與對方的關係，自由自在地生活。

人際關係是「溫柔」與「威嚴」的巧妙平衡

能建立良好人際關係的人，都很會調整自己與對方的距離感。距離感要如何調整呢？只要分別利用「溫柔」與「威嚴」，就能縮短與拉長彼此的距離。

首先，請記住以下三件事。

①「溫柔」是用來與對方接觸的。讓對方開心、關心對方等行為也是一樣的道理。

②「威嚴」是為了擺脫對方的控制。有些看起來沒有威嚴的人，只是沒有讓

對方察覺而已。

③良好的人際關係是由交互或混合釋放「溫柔」與「威嚴」建立起來的。

聽到威嚴，可能很多人會覺得「這代表我必須扭曲自己的本性，變成一個性格強勢的人」，因而心生抗拒。但其實並不是這樣的。

再重複一次，你完全沒有必要改變自己的本質。事實上，本書的目的就是幫助你在完全不改變自身本質的前提下，使用過去不曾使用的人際關係新技巧。

請仔細閱讀接下來的說明。

不須要「威嚇」對方，只要表現出「威嚴」就好

為了牽制展示優越感的人，和撒嬌要別人幫自己做事的人，我們必須使用「威嚴」，這是建立良好人際關係必須的技術。

威嚴分成兩種。

一種是「攻擊別人所需的威嚴」，意思是可以恫嚇、威脅對方，為了擊潰別人而使用的威嚴。不過，「威嚇」的技巧不佳，反而會刺激對方的控制欲，產生反效果。

另一種則是「防禦所需的威嚴」。是在對方試圖支配、控制你時，告訴對方「我不是你的一部分」，掙脫支配與控制時需要的威嚴。

本書希望各位讀者學會的是第二種，也就是說，不是「攻擊用」，而是「防禦用」的威嚴。

所謂的威嚴，意思是不以直接的言語或行動表現，而是「釋放出帶有威嚴的氣場」。

你只須要營造出威嚴「感」。用含混不明的言詞，若無其事的態度與舉止，讓對方覺得「無法把這個人牽著鼻子走」，進而逆轉過去耍人與被耍的主從關係。

這正是防禦所需威嚴最大的目的，也是它的效果。

常被耍得團團轉的人，通常都傾向於只使用「溫柔」。

假設右手與左手分別拿著「溫柔」與「威嚴」，這種人就是用慣用手拿著「溫柔」。

所以想用多少「溫柔」都能用，但卻無法好好使用「威嚴」，甚至幾乎從來沒用過。

今後，請稍微訓練非慣用手，成為能夠均衡使用「溫柔」與「威嚴」的「左右開弓派」吧。

嘗試把自己的「性格」當成是「技術」

為了習慣這種感受，請先將自己的「性格」當成你擁有的「技術」。

具體來說，請試著把你已經拿在慣用手上、十分擅長的「溫柔」當成自己精通的「技術」而非「性格」。不要覺得「我很溫柔」，而是告訴自己：「我擁有一種技術，可以藉由溫柔待人讓對方心情愉快。」

現在，偏向「溫柔」的你，不僅個性溫柔，而且「能夠使用溫柔這種技術」，講到這種技術，你可是職業級的高手。

這樣一想，你也可以把和「溫柔」相反的「威嚴」當成一種「技術」來使用。之前提到過，「你不須要成為一個『性格』強勢的人」，就是這個意思。

有趣的是，「溫柔」這種技術與「威嚴」一起使用之後，就能瞬間達成單獨使用時無法達到的高度價值。

只有「溫柔」的人，完全不會有人感謝你的「溫柔」。你必須告訴自己，有些人正是利用你的「溫柔」，把你耍得團團轉。

然而，如果是在「威嚴」中感受到「溫柔」，身邊的人就會覺得這種「溫柔」非常有價值，很讓人喜悅與值得感謝。

這就是為何只有「溫柔」不行，還需要「威嚴」。以上，相信各位都已經理解了。

當你只有「溫柔」，雖然對方會感到喜悅，但卻會輕視你。只擁有「溫柔」的人，那分「溫柔」容易遭到踐踏。只有在與人來往時保持「溫柔」與「威嚴」的絕妙平衡，才能保有適度的距離感，得到所有人的尊重。

《 錯誤的威嚴 》

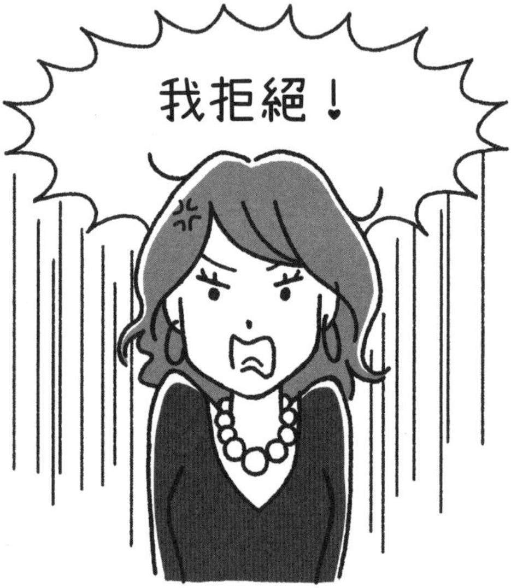
我拒絕！

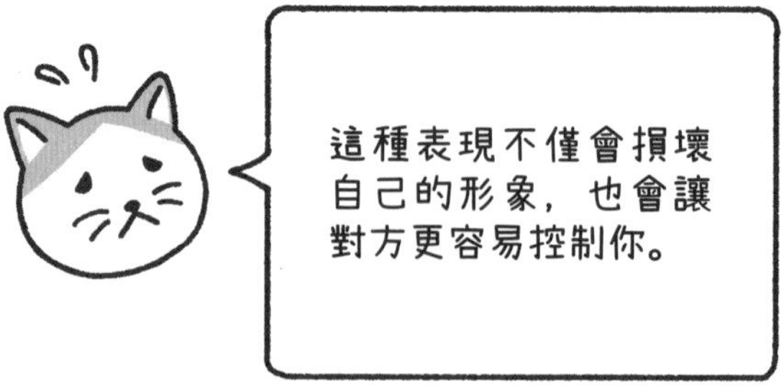
這種表現不僅會損壞
自己的形象，也會讓
對方更容易控制你。

「不想再被耍得團團轉」的戰術清單

人際關係的道理到此為止，接下來要介紹的是幫助我們今後不會再被耍得團團轉的具體戰術。

方法1

建立不被耍得團團轉的基底。平常待人處事時，基本須注意的有：如何發言、採取什麼樣的態度等等，也就是言行舉止的基準。

方法2

介紹「拒絕」的具體方法。以前老是被對方耍得團團轉時，即使是不喜歡的邀約或請求，或許也會不由自主地接受。在這個章節中，學會迅速的拒絕方法，就能順利推拒別人硬塞過來的任務。

方法3

介紹如何在對方沒有察覺的情況下，使用「防禦所需的威嚴」。

這個方法不是讓你直接「威嚇」對方，而是「表現」出「威嚴」。

也就是說，若無其事地表現出「威嚴」，但不要讓對方察覺你正在製造「威嚴感」。

方法3將說明如何表現出「對方不會察覺的威嚴」。

方法4

集合方法1～3的精華。

當我們學會表現得像「獨立的個人」，自然就會擁有自信。充滿自信的人，就會吸引願意尊重你的人靠近。

學會具體的戰術後，再加上「鍛鍊意識」，就能擺脫「被耍得團團轉的體質」。現在就開始朝「不再被耍得團團轉的自己」努力吧！

方法1

打造任何人都無法趁隙利用的堅實基礎

利用五種戰術，營造「比對方高一階」的觀念與行動

想成為不被耍得團團轉的人，必須先擁有「比對方高一階」的觀念。

請想像你拿著一個碗，碗內裝著某樣東西，對方站在你的對面。

當你的位置比對方低，對方就會俯視你，也會看到碗裡的東西。不過，當你的位置比對方高一階，對方就必須抬頭仰望你，也看不到碗裡是什麼。

因此，告訴自己「我正處於比對方高一階的位置」，意思就是要表現出讓對方看不到的「陰影部分」。這種技巧可以幫助我們營造出序章提過的「防禦所需的威嚴」。

做到這一點之後，你的心就會真的學會防禦，建立起「屏障」，讓對方無法直接闖進來。

建立屏障的效果不只是這樣而已。

當你建立起「自己的位置比對方高一階」的觀念，在表現出「陰影部分」的狀態下，再對對方展現「溫柔」，對方就會尊重你。

如果對方是能夠敞開心扉交流的對象，當然可以放下戒備真心交流。但如果對方是經常把你耍得團團轉的人，當你對他敞開心扉，對方就會毫不顧慮地闖進來，展現自己的優勢，操縱你的行動。

嬰兒之所以可愛，是因為嬰兒擁有開放而毫不隱藏的天真單純。

然而，這種天真單純只有在幼小且須要保護的嬰兒身上才適用。有點年紀的大人展現出自己的一切，想要藉此得到他人的喜愛，以人際關係的策略來說，實在是相當高難度。

因此，建立「自己的位置比對方高一階」的觀念，是基礎中的基礎。

為了打造出這種觀念，平常就要實踐以下的五個技巧。

①用「自信的笑容」取代「笑咪咪」

一般我們都認為「面帶笑咪咪的和善表情」是好的，但請記住，當你身處的環境中有人想要操控你，笑咪咪就是一種讓人趁虛而入的表情。

原因在於，「笑咪咪」代表「沒有敵意」「請與我親近」「請接受我」「請誇獎我」，因此會給人討好對方、由下向上接近的印象，同時也有表達出自己與他人有共鳴，試圖與對方建立關係的印象。

不論是討好還是共鳴，是否要接受你，都是對方的選擇。因此形成對方是「主」，你是「從」的關係也不令人意外。

對方會認為你是「可以操控的人」，接著就會嘗試操控你。而「笑咪咪」的你，無法抵抗對方試圖操控你的能量，就此被牽著鼻子走，也就失去了人際關係的主導權。

那麼，用來代替「笑咪咪」的「自信笑容」又是什麼樣的表情呢？

假設剛剛說明的「笑咪咪」是「弱者的笑容」「給對方看的笑容」，那麼「自信笑容」就是「強者的笑容」「自己正在看世界的笑容」。

這種笑容不是要給任何人看，是一種根本不在意別人眼光，不論發生什麼事都不會動搖，游刃有餘的表情。

那是當你看著（或是心中想起）周遭的人事物，心中有一件愉快或有趣的事，因而露出的笑容。或許可以說，這是一種具有主體性的笑容。

旁人可能不知道你為什麼感到開心，不過，在他們眼中，你是個「心情一直很愉快的人」「擁有自己世界的人」。這就是「自信笑容」所帶來的效果。

因此，露出自信笑容的人，心中的情緒不會被人一覽無遺，能夠扮演一個保有陰影部分的「獨立者」。

〈重點〉「意識到」自己正在露出自信笑容

讀到這裡，相信有些讀者不知道該怎麼笑得有自信，或是不想要笑得那麼強勢。

從結論來說，最重要的不是「露出自信笑容」，而是意識到自己「現在正露出充滿自信的笑」。反過來說，這個方法的重點在於必須感覺到「我現在的表情不是笑咪咪」。

因此，自信笑容實際上的表情跟「笑咪咪」其實差不多。

留意帶著「具有主體性的微笑」，指的是我們必須「意識」到，「自己不是在笑給任何人看，是因為心裡有愉快或有趣的事，才獨自露出了笑容」。**如此一來，即使不露出大大的「自信笑容」，你也能帶有「強者微笑」的氣氛**。誰也無法任意闖進你的內心，你也能就此取回人際關係的主導權。

擁有這樣的意識與感覺非常重要，而表情的訣竅就在於視線要保持水平，或是比水平更高的高度。若是視線向下又露出自信笑容，有時會給人討厭的感覺。

記住，「視線要保持水平或更高」，挺直腰背，你就能從自我意識開始成為強者。

此外，自信的笑容不一定要是咧嘴大笑。可以先從不露齒的「含蓄微笑」開始。

或許這個戰術乍看之下很奇怪，但事實上，「自信的笑容」幾乎可以說是萬能的高效能戰術。

只要面帶「自信的笑容」，在眾人眼中，你就是個「端正大方的人」，絕對不會有人覺得你楚楚可憐。甚至有許多人都會感受到你的魅力，對你產生好感。

一開始使用這個戰術時，需要一些注意力。這個方法真的有很大的效果，請一定要試試看。當你發現「可以在人前露出自信的笑容」，這個想法也會增強你的信心，讓你的心更為堅強。

若你很難想像「自信的笑容」，可以參考各國舉辦影展時走在紅地毯上的明星們。他們臉上都是「自信的笑容」，而不是「笑咪咪」。對自己有自信的人，自然就會露出「自信的笑容」。

了解這個原理之後，請試著練習看看。

不論是電視明星，還是電影主角，游刃有餘的人總是露出無所畏懼的笑容。這種笑容完全沒有要討好其他人的意思，只會令人感覺到自信與尊嚴。

請試著學習在電視與電影上看到的明星們，露出這種「強者的笑容」，如此一來，你也能學到他們的游刃有餘。

②動作要「大幅度且緩慢」

接著要注意的是「動作」。

無論何時，動作都要「大幅度且緩慢」。跟前一節提到的表情一樣，只要用這樣的原則動作，對方就無法闖進你的內心。

經常被耍得團團轉的人，應該會遇到許多讓你無法大幅度緩慢動作的事情。今後，只要改掉過去的習慣動作，就能掙脫你與對方的主從關係。

要改掉的習慣是小心翼翼、唯唯諾諾的動作。

舉例來說，當對方說了什麼，你就會立刻轉頭看向對方；或是當對方呼喚你，你就會小跑步向前。或許你之前常常會有這些反應，但今後請將這些習慣全部改成「大幅度且緩慢」的動作。

這個「大幅度且緩慢」的方法，大致上有四個效果。

「大幅度且緩慢」的動作的第一個效果是，可以切斷你的動作與對方的連結，光是這一點，就能讓你不再被對方耍得團團轉。

舉例來說，當對方說了什麼，你就立刻轉頭看向對方，這就是讓對方的言行直接連接到你的行動。假設對方是遙控器，你就是一台「超級敏感的電視」，瞬間就因為對方的言行舉止引發靈敏的反應，用對方期待的速度做出對方希望你做的行動。

提醒自己做出「大幅度且緩慢」的動作，這樣做就能幫助你擺脫對方的控制。

「大幅度且緩慢」的動作的第二個效果是，可以產生威嚴，讓對方覺得你是個「不易操控」的人。

小石頭很容易移動，但巨大的岩石穩如泰山。大幅度的緩慢動作就是要讓對方產生這樣的心理作用。

「大幅度且緩慢」的動作的第三個效果是，可以確保大腦擁有足夠的運作空間。

頻繁做出小幅度動作，會讓大腦顯得很侷促。請試著想像一下聽到對方說話就立刻跳起來的自己，和反應幅度大且緩慢的自己，哪一種比較能冷靜地思考？

像小動物一樣快速而頻繁的動作，會讓我們無法冷靜下來思考正確的言行舉止。因此，對方會把焦急不安的你看成是「地位比自己低的弱者」，再度加強對你的控制，就此陷入惡性循環。

只要提醒自己：「動作幅度要大且緩慢。」就能斬斷這樣的惡性循環。

「大幅度且緩慢」的動作的第四個效果則是療癒對方，有助於讓彼此的關係更加健康。這是因為，大幅度且緩慢的動作，其實就是「不會令人反感，提高好感度與信賴度的動作」。

或許這個結論很令人意外，但它其實是有理由的。

與「大幅度且緩慢的動作」相反的舉止，就是畏畏縮縮、探頭探腦。看到這種行為可疑的人，會令人感到煩躁，還會激起「想要控制這個人」的邪惡念頭。

也就是說，行為可疑的人會刺激對方的控制欲，因此容易受到控制，導致言行舉止更加可疑，就此陷入更受控制的惡性循環。

只要提醒自己「動作要幅度大且緩慢」，最終就能掙脫「支配與被支配」的主從關係，建立對彼此來說真正良好，且以信任結合的健康關係。

〈重點〉不要因為「時機與場合」而改變

切斷自己的動作與對方的連結。

形成「威嚴」，給人「不易操控」的印象。

保持思考的空間。

讓對方感到療癒，建立更健康的關係。

想要達到這四種效果，關鍵在於不要因為時間或場合改變行動模式，要養成保持「動作大幅度且緩慢」的習慣。

容易被人耍得團團轉的人，不僅會因為對方的話語做出快速又敏感的反應，甚至會在對方開口之前就先猜測對方的心思，擅自採取行動。

這種行動與其說是經過思考，更像是反射動作，沒有經過自己思考與意志，就主動做出吃虧的舉動。

或許以上的描述乍看之下很奇怪，但客觀來看，這些完全都是真實發生的狀況。為了避免在無意識中「被耍得團團轉」，我們必須養成「動作大幅度且緩慢」的習慣。

無論我們多想配合對方的想法去行動，都無法做到百分之百完美。

然而，一旦形成固定的主從關係，只要你的行動稍微不符合對方的期待，對方就會感到煩躁。當你感覺到對方的不耐煩而表現出畏畏縮縮的態度，又會再度惹對方生氣。

不過，若你平常就能保持「大幅度且緩慢的動作」，周遭的人就會覺得你是個「不容易動搖的人＝很難操控的人」，對方也不會再把你當成「可以隨心所欲控制的人」。

即使對方還想要像以前一樣對待你，也會開始覺得「不好意思再隨心所欲使喚你」，因此感到難以下手。

當然，這樣的行動改變不只會影響對方，也會讓你的情緒有所變化。「大幅度且緩慢的動作」會減弱你「被耍得團團轉的狀況」與「感覺自己正在被耍」的程度，你的心靈也會跟著變得強大，產生自信。

只要習慣「大幅度且緩慢的動作」，人際關係就會愈來愈輕鬆。

③用自然的聲音慢慢說話

接下來要注意的是「聲音」和「說話方式」。

請提醒自己，要用「自然的聲音」說話，速度也要「放慢」。所謂「自然的聲音」，也可以說是「較低沉的聲音」。

容易被耍得團團轉的人，說話的聲音大多偏高，速度也偏快。

對方像機關槍一樣說個不停時，這種情形更加明顯。你會被對方連珠砲似的轟炸牽著鼻子走，自己也在不知不覺間高聲快速說話，完全暴露出內心無所適從的情緒。

也就是說，從對方的角度來看，你正是「很容易就能操縱的狀態」。

為了改變這樣的狀態，請提醒自己「用自然的聲音慢慢說話」，即使對方連珠砲似地不斷抱怨，你還是要「用自然的聲音慢慢說話」。如此一來，對方就會覺得：「不管我說什麼，這個人都不會慌張。」降低對你的控制欲。

身體的動作與說話方式大致上是一樣的。當你採取前一節提到的「大幅度且緩慢的動作」，說話方式應該也會變得柔和，不過，同時提醒自己「用自然的聲音慢慢說話」，效果會更好。

用自然的聲音慢慢說話，可以增加說服力，還能給人你不是隨口亂說，而是慎重思考過才發言的印象。也就是說，這種說話方式會讓人覺得你說的是真心話。

這種形象與情緒外露完全不同，能夠營造出一種站在對等立場說出真心話的氣氛。重點是，這會讓人感覺「你是一個擁有自我的人」。

如此一來，就可以用非常和平的方式取回人際關係的主導權。

如果不須要說很多話，就用不著說話技術和龐大的字彙量。和先前介紹的「自信笑容」「大幅度且緩慢的動作」一樣，「用自然的聲音慢慢說話」也是只要提醒自己，就能做到的事。

一旦稍不注意，或許就會被對方牽著鼻子走。但或許，你也有可能會因此覺得自己好像變成了壞人。

不過，請不要讓這些行動與你的人格產生關聯，告訴自己「它只是一種技術」。想要擺脫他人對你的操控，就必須保持這個狀態。

〈重點〉平時說話的語調和「短而俐落的斷定句」必須有明顯的差距

用自然的聲音慢慢說話，只有一個缺點。

這種說話方式欠缺氣勢與爆發力，因此不適合用在想要拒絕對方的無理要求、想要主張自己的想法，或是早點結束話題時。在上述任何一個情境中用自然的聲音慢慢說話，只會給人「你會一直聽下去」的印象。

想要好好對話，讓對方被你的步調影響時，「用自然的聲音慢慢說話」

有非常好的效果。這種說話方式可以在保護自己內心的同時，占據心理上的優勢。

另一方面，想拒絕對方的無理要求、想要主張自己的想法，或是早點結束話題時，就要使用「短而俐落的斷定句」。要注意拒絕時不要「強勢地拒絕」，而是「清爽俐落，天真爛漫地拒絕」。

平常用自然的聲音慢慢說話，只有拒絕時果斷、簡短又清爽，讓人覺得「為什麼可以回答得這麼俐落」。這種落差有很好的效果，詳細說明請參照「拒絕的方法」一節。

或許各位看到「用自然的聲音慢慢說話」和「短而俐落的斷定句」，會覺得自己必須學會兩種完全相反的技術。

但希望各位注意，其實這兩種技術都有「不被對方牽著鼻子走」的共通點。效果也是一樣的，都是「不跟著對方的步調走，擺脫對方的控制」。

為了得到這個效果，建議你平常「用自然的聲音慢慢說話」，想要拒絕對方，或是需要氣勢或爆發力時，再使用「短而俐落的斷定句」。利用這兩種說話方式，大部分的人際關係問題都能迎刃而解。

④讓自己看起來是「不在乎沉默的人」

當你擁有「自信的笑容」「大幅度且緩慢的動作」「用自然的聲音慢慢說話」這些特質，基本上就已經做到「比對方高一階的觀念與行動」。

再加上剩下的兩個方法，效果會更好。

這些技巧可以幫助你更加確實的走在「不再被人操控」的道路上。

第四個方法是改變平常的態度，讓自己變成「不在乎沉默的人」。

你是否總是為了打破沉默而開口說話呢？

或許你也已經發現，其實這也是容易被耍得團團轉的人具有的特徵。沉默乍看之下是一種欠缺親和力的舉動，為了打破沉默而說話的人正是突破了這層屏障，過度接近對方。

當你看起來是個不在乎沉默的人，你與對方應該就會循著下述機制轉變為彼此對等的關係。

為何我們會想要打破沉默呢？這是因為沉默很令人尷尬。再進一步解釋，這是因為「對方應該會覺得沉默令人尷尬，所以必須打破」，是一種體貼對方的表現。

其實，就是這分體貼讓沉默變成了真正的尷尬。

看到你拚命打破沉默的樣子，對方會覺得「原來這種沉默令人尷尬」「我們還是一沉默就會尷尬的關係」，因而感到坐立不安。

所謂「沉默令人尷尬」的真相，其實是你對對方的體貼，以及這分體貼帶來的坐立不安。

相反地，哪些人會覺得沉默也無所謂呢？舉例來說，我們對家人等十分親近的自己人，就不會拚命打破沉默。基本上，面對親近的人，就會在想說話的時候才開口。

因此，為了不讓沉默令人尷尬，必須告訴自己：「我把你當成自己人，所以不在意彼此間的沉默。」

如此一來，當你先釋放出「我不在乎沉默」的輕鬆氣氛，對方就會發現「原來你不在乎沉默」，因而感到安心。看到對方放心的樣子，你也才會真的覺得陷入沉默也沒關係。

〈重點〉別對沉默負責

這就是讓自己看起來是「不在乎沉默的人」帶來的效果。

那麼，該怎麼做才能讓自己看起來真的很不在乎沉默呢？

最重要的是，必須用態度而不是語言來表達出「我一點都不在意沉默」。

因此，即使陷入沉默，也絕對不要說話。面無表情可能會帶來不好的印象，建議使用之前提到的「自信笑容」，看起來就會是一個完全不在意沉默的人。

我們本來就沒必要為了體貼對方而打破沉默。

「必須做點什麼」就是容易被耍得團團轉的人常有的想法，也可以說是被支配的人或僕人的想法。正因為你有這種觀念，才會過度承擔沉默的責任。之所以會陷入沉默，是在場兩個人共同的責任，你不須要一個人承擔。今後請告訴自己別對沉默負責。

即使你不拚命製造話題，而是安靜不說話，對方大概也會自己開口。也就是說，用無所謂的態度表現出「我不在意沉默＝我會在想說話的時候說話，你也可以在想說話的時候說話」，也是一種藉由「自己比對方高一階」的認知，擺脫「控制與被控制」主從關係的技術。

⑤別隨便透露你的私事

打造不被耍得團團轉體質的最後一招，是「好好判斷該分享多少關於自己的資訊」。

經常被耍的人，平常就是敞開心扉，過度把自己的「內心」轉化為「言行舉止」表現給對方看，因此才會讓對方看透你的心，把你耍得團團轉。

舉例來說，因為你公開了自己的行程，對方才會以「你這天有空嘛」為由，硬是約你出去。當你說出了自己的想法與主張，對方就會以對他有利的方式來解釋，也因此讓你受人控制。

以此類推，當你透露愈多自己的資訊，就是給對方愈多機會。在這種狀況下，你永遠都無法擺脫對方的支配。

其實，你自己的資訊，只要對想知道的人透露對方想知道的範圍就好。這種原則也能讓你的自我表達更有魅力。

反之，在對方還不想知道的時候，你就主動透露自己的資訊，就是最沒有魅力的自我表現方式。容易被人耍得團團轉的人，平常就在不知不覺間犯了這樣的錯誤。

〈重點〉將話題轉向「不痛不癢的閒聊」或「對方身上」

容易被耍得團團轉的人，對自己的資訊應該要更加慎重。在社群網站等網路上的發言也要更加小心。

自己的行程、意見、主張、對事物的好惡等等，只告訴知心朋友就好。盡量不要透露給想要把你耍得團團轉的人。相對地，跟這種人說話時，可以盡量聊些不痛不癢的小事，或是以對方為主的話題。

建立關於自身資訊的「不公開區域」是一種策略，當你使用這樣的策略，對方就會因為掌握不到你的許多資訊，而只好用推測的方式來猜想。

這時，你就成功站在「比對方高一階」的位置了。你與對方的人際關係主導權掌握在你手上，也不會再被耍得團團轉了。

重點統整——成為紳士型人士

以上是以「比對方高一階」的認知與行動，幫助你建立不再被耍得團團轉的基礎的五個訣竅。看到這裡，不知道你覺得如何？

露出自信的笑容；動作要「大幅度且緩慢」；用自然的聲音慢慢說話；讓自己看起來是「不在乎沉默的人」；還有，別隨便透露你的私事。將這些全部都集合成一個概念，就是「紳士型（dandy）人士」。

請試著想像一位優雅的紳士。他的情緒平穩，話不多，態度大方，不會大驚小怪，言行舉止令人覺得有自信與尊嚴，嘴角帶著不討好人的微笑。

你想像的人可以是男明星、小說中的角色，或是身邊充滿魅力的中年男子，任何人都可以。

腦海浮現出一位紳士男性之後，再想像自己身上出現了這分優雅從容。

這就是本書所說的「紳士型人士」。

今後，當你在各種場合中一時不知該如何表現，只要想起這分優雅從容，就不會在應對進退時出錯。

不過，若是女性讀者，應該會有人有疑問，有須要特地把「紳士」這種本來用於男性的形容詞轉用在女性身上嗎？其實這是有明確理由的。

若你是女性，解放部分的「女性意識」，可以有助於避免被耍得團團轉。為了擺脫女性意識，我們就需要男性的紳士感。

再稍微說明一下，理由是這樣的。

或許有許多人看了會覺得生氣，但請將以下的內容當成自古以來在歷史脈絡中形成的一般傾向。

女性在歷史上，有很長一段時期都是透過「被男性選擇」的方式來衡量自身的價值。

「別人被選中」＝「自己沒被選中」，而「自己沒被選中」＝「自己沒有價值」。因此，女性之間當然會掀起「誰才會被選中」的戰爭。

女性生存在這種「誰會被最優秀的男性選中」的同性競爭中，於是就產生出對抗心理與嫉妒心，認為「自己一定會被更優秀的男性選中」，這也是最有效的生存策略。

時代改變後，社會早已提倡男女平等，然而直到現代，這種心理仍根深柢固。女性心中想的不是「我想要怎麼做」，而是「該怎麼做才能雀屏中選」，這種想法遠比男性強烈得多。

當你心裡有這種「希望對方能選我」的念頭，一旦鑽牛角尖，就很容易變成「討好」，也會轉化成「希望更接近對方」「希望對方了解我」。很明顯的，這些都是「比對方矮一截」的想法。

也就是說，就自古以來被灌輸的一般傾向來說，女性容易覺得「自己比對方矮一截」。這並不是說在現實中的女性真的比男性矮一截，而是在歷史上與社會上，女性容易覺得自己比人矮一截。

那麼，女性該如何擺脫這種想法呢？最快的方式，就是採用部分「帥氣男性」的意識。用一句話來表達，就是「紳士」。

希望各位女性讀者不要誤會，這並不是要鼓勵你「捨棄自己身為女性的部分」，或是「成為男性」。正如「紳士型人士」字面上的意思，你當然可以繼續當名女性。

在這個前提下，我們要將學習紳士的態度當成是一種避免被耍得團團轉的「策略」，並將這種態度反應在平常的「表情」「動作」「說話方式」與「聲音」。也就是要將紳士態度能用作為新的道具與武器。

方法2

當一個不被討厭、不被憎恨的「拒絕達人」

輕鬆拒絕的五個法則

方法1說的是如何藉由觀念與行動方式打造不容易被耍得團團轉的基礎，也就是「比對方高一階」的認知與行動。

接下來的方法2是「拒絕法」。這就像是一本戰術教學書，所以請從中挑選自己做得到的方法，或是配合情況各別利用。

不過，拒絕方法也有基礎。

先學會接下來的五個重點，使用之後一一介紹的拒絕方法時便會更加得心應手。

①「拒絕」是一種「告知」

第一個重點是要先建立正確觀念，告訴自己拒絕這種行為並不是經由「對話」進行，而是單方面的「告知」。

如果你是以「只要好好說明，對方就能理解」的想法去拒絕，就必須說明自己拒絕的理由。試圖讓對方理解，對話內容就會變長。對話一拉長，對方就會準備用來反駁你的藉口，最後將會由口才比較好的一方獲勝。

今後請記住，拒絕這種行為是單方面的「告知」。

不管對方怎麼想，也不論對方是否理解你拒絕的理由，都沒有關係。你一定要告訴自己，拒絕就是單方面告知對方：「我不會順從你的期待。」否則你永遠無法開口說「不」。

〈重點〉告訴自己「我要結束對話」

用「告知」的口吻告訴對方「我不會順從你的期待」之後，就結束這段對話。所謂的「拒絕」，不是「開始對話」，而是「結束對話」。

請告訴自己，拒絕就是對向你做出請託或邀約的對方，說出無可商量的「NO」。

正如你所想，做出這個行為一點也不舒服，甚至令人尷尬。

不過，這種狀況是無法避免的，因為「拒絕」本來就是這麼一回事。單方面切斷對話，需要一些勇氣與能量，結果就是會有些尷尬。

不過，我們也不能讓場面一直很尷尬，本章會介紹一些方法可以緩解拒絕後的尷尬。與拒絕的方法一起使用，能夠大幅減輕拒絕對方的恐懼感。

②不要企圖讓對方理解，讓他「放棄」就好

拒絕時，為何嘗試對話是沒有意義的呢？這是因為你想讓對方了解「你拒絕的理由」，但對方卻想讓你了解「你不能拒絕的理由（不該拒絕的理由）」。

你和對方都想讓彼此「了解自己想表達的事」，因此對話就會跟平行線一樣毫無交集。當對話愈拖愈長，結果常常就是你選擇妥協。

在前一個小節也說過，如果你想拒絕，就不要試圖讓對方理解。只要朝著「讓對方放棄」的方向前進就好。如此一來，對話就不會成立，用「告知」來做出拒絕也會變得更省力。

〈重點〉承認「有問題的是我」

那麼，該怎麼讓對方放棄呢？

當然，我們希望對方放棄讓你接受請託或邀約，但該怎麼做呢？關鍵在於你要承認「拒絕你的請託／邀約，的確是我有問題」。

首先，「讓對方了解」的前提，是你認為「自己有正當的理由（可以拒絕）」，當你說明拒絕的理由，對方就會來說服你「你是錯的」。

你希望對方了解你拒絕的理由，希望他能懂「你的理由是有道理的」。

而對方希望你了解他的主張具有正當性，期待你了解「拒絕他是不對的」。

要避免造成這種沒有意義的你來我往，關鍵在於一開始就不要爭論「正確與否」。從第一步開始就把正確的立場讓給對方，你只要主張「就算是這樣我還是要拒絕你，我真的是個怪人」就好了。

或許你會認為，承認對方正確會帶來反效果。因為這樣等於是給了對方一把尚方寶劍，讓他可以宣稱：「我才是對的，所以你一定要接受我的請託/邀約。」

但是，請仔細想想。

當你已經宣稱：「你是對的，但我是個腦袋怪怪的人，所以不接受你的邀請。」對方該怎麼反應呢？你已經承認對的是他了，因此對方無法再用主張自己的正確來讓你接受邀約。

當你直接了當地說出「雖然你是對的，但我拒絕」，對方就失去了說服你的藉口。然而，要讓你答應，也只有說服這個方法。當對方無法說服你，就只剩下「放棄」這個選項。

③做好「切斷關係的心理準備」然後放手

做好切斷關係的心理準備然後放手，指的是告訴自己：「雖然我沒有直接跟對方切斷關係，但如果對方因為我的言行而自行決定離開，那也是沒辦法的事，我不會挽留。」

絕對不是要你主動切斷關係，而是做好這種「心理準備」並「放手」。不是你自己「切斷關係」，而是讓對方決定「切斷跟你的關係」「方便對方切斷跟你的關係」，朝這個方向前進。

也就是說，設法讓在你身邊想要操控你的人放棄並離開，和前面提到的「讓對方放棄」是連貫的。

如果惹對方討厭或許會有麻煩，但想要快點遠離對方，希望對方自行離開時，若能先建立起這個觀念會比較方便。

〈重點〉「很抱歉，我不打算回應你的期待」

那麼，「做好切斷關係的心理準備然後放手」，具體來說是什麼意思呢？什麼樣的心境才能讓我們做好心理準備？

用一句話來說，就是「抱歉」。

「抱歉」的意思是：「我不是你期待的那種人，今後也不會做出改變，很抱歉。」

不是「我無法回應你的期待，很抱歉」。

而是「我不打算回應你的期待，很抱歉」。

各位能夠了解這兩者的差異嗎？

「我無法回應你的期待，很抱歉。」是試圖回應對方期待卻無法達成，因此自我反省並道歉。對方聽到這種道歉，會繼續把你耍得團團轉，要求你「要這樣做，那樣做，才能回應我的期待」。

但事實並非如此，你是一開始就沒有要回應對方的期待，也就是沒有回應的「打算」，因此才感到「抱歉」。也就是：「如果你可以接受這樣的我，繼續維持關係也ＯＫ，如果覺得不開心，也可以選擇離開。」

這種態度會讓對方了解，「這個人不會被我牽著鼻子走」，因此放棄繼續操控你。

即使你和對方的關係仍然持續著，也已經具有「我沒有打算回應你的期待」的前提，因此不會陷入主從關係。

在「拒絕」的時候，將這個方法和前一項解說的「有問題的是我」一起搭配使用，或許會更好懂一些。

「你是對的，拒絕你的我才有問題。顯然我不是符合你期待的那種人，今後也不會改變。抱歉。」

合在一起看，更能看出最後那句「抱歉」的重要性。

如果沒有這句「抱歉」，就會變成你發出宣告：「今後我也不會改變，就這樣。」就此切斷與對方的關係。

然而，為了盡量避免與對方鬧出紛爭，最後還是要加上一句「抱歉」，放低自己的姿態，告訴對方：「我就是這樣的人，真的很讓人傷腦筋吧，真的很抱歉。」

也就是說，這句「抱歉」不是出自內心向對方道歉，而是為了緩和氣氛，讓對方不至於因為你不回應他的期待而產生敵意。

④用詞要「短而明確」「俐落精準」

所謂的「短而明確」，就是不要拉拉雜雜說一大串，也不可以太過陰沉，要「俐落精準」。

一般社會大眾都讚許「說話簡潔扼要，表達清楚的人」。請把這種常識銘記在心。

用俐落精準的方式拒絕，對方就只能摸摸鼻子放棄。若是拖拖拉拉把話說得太長，就會不敵對方的氣勢。

方法1有提到，平常要「用自然的聲音慢慢說話」，只有拒絕時要突然使用「短而俐落的斷定句」，這個「落差」會有很好的效果。

其實，有許多人平常就是弄反了這個「落差」，才會無法拒絕別人。

也就是說，這些人平常說話明快又俐落，只有在拒絕人時才會變成猶豫拖拉的低音。這種拒絕當然無法成功，還會讓對方覺得，「只要再推一把就能如願」。

因此，請從今天開始把這種「落差」反過來。

平常「用自然的聲音慢慢說話，營造出成熟大人的氣質」，拒絕時再突然切換成輕快俐落的斷定句，直接說出：「啊，沒辦法耶！」

意識到這個落差之後，你會變得非常好拒絕別人，對方也不會覺得能夠把你耍得團團轉。

〈重點〉話說得愈長愈沒有氣勢，也會暴露出自己的情緒

拒絕時，「希望對方理解」的心情，加上拒絕帶來的罪惡感和顧慮，都會讓我們不小心把話愈說愈長。

這時，請刻意做出和你內心所想不同的言行。

你不須要否定希望對方理解的想法，也不須要否定自己內心的罪惡感與對對方的顧慮。這些感受都沒有必要抹除，不過，你必須分開這些「情緒」和「拒絕」的行為。如果不這麼做，就無法拒絕對方。

話說得愈長愈會失去氣勢。

而且，話說得愈多，對方愈容易看出你的情緒。

在這個過程中，對方會覺得「再加把勁就能如願」，結果你就無法做出

「拒絕」這項行為，情況也將漸漸演變成你接受了對方的要求。對容易被耍得團團轉的人來說，這是常有的事。

有些事情可能就是必須談很久。不過，你一定要知道，話說得太長，對方硬要你答應的可能性也會變高。建議極力避免這樣的情況發生。

⑤就算有辦法也要說「沒辦法」

就算有辦法也要告訴對方沒辦法，是為了在到達極限之前，就向對方表明「我無法回應你的期待」。

舉例來說，我常看到有人抱怨自己「一個人被硬塞了三人分的工作」。

當我詢問：「那如果有人想把四人分的工作塞給你呢？」得到的答案都是：「到這種地步，我一定會抗議。」

也就是說，這個人決定先忍耐到極限，直到對方的要求超過極限之後才說：「到這種地步，我真的沒辦法了。」然而，所謂的「到這種地步」到底是什麼意思？之前被硬塞兩人分、三人分的工作時，直接拒絕不就好了嗎？

撐到極限才拒絕，你的拒絕也必須給對方帶來很大的壓力才有效。

請想像一下小孩子彼此打鬧的情景。

一開始只是「會痛耶，不要打啦」這種軟性的拒絕，接著語氣慢慢變兇：「很痛！不要打啦！」「就說會痛了！住手！」這時如果對方還不停手，我們也可能會使用暴力以牙還牙。

在極限到來前一直拖著不拒絕，最後也會變成這樣。若你必須對試圖控制你的人做出這麼兇惡的回應，那麼你所須付出的勞力將會更大。

對方也會因為你突然的反叛而大吃一驚，甚至因此加強對你的控制，或是對你產生敵意。

因此，如果要拒絕就必須早點開口，請在真的到達極限之前就表明自己「沒辦法，做不到」。

或許你的「做不到」雷達已經麻痺了。請回憶起本書前面章節提過的，我們的情緒與言行舉止是可以分開的。無論你內心的聲音有沒有在說「做不到」都沒關係，只要選擇「及早拒絕」的行動，再使用拒絕策略就好。

如果一直拖延著不拒絕，到最後你一定會受傷。及早拒絕也可以保護自己。請不要「因為」情緒而採取行動，要選擇「對自己情緒好」的言行，保護自己的心。

〈重點〉不用勉強到最後一刻，你的能力大家都看見了

當你及早表明「沒辦法」之後，應該會發現一件事。提早說出「沒辦法」並不會讓人們降低對你的評價。即使沒有撐到最後一刻，大家也都已經看見了你的能力。

如果因為把你耍得團團轉的人要你努力，你就真的一直挑戰自己的極限，那麼，在你和這個人的關係中，你已經被定位成是「必須努力到最後一刻的人」。

為了保護自己，改變行為模式時，也要一起改變想法——其實，你真的不用努力撐到極限，你做的已經夠多了。

而且，「沒辦法」的事就是沒辦法，一旦開口拒絕就要拒絕到底。一開始表現出拒絕，最後卻妥協。當這種情況一再發生，對方就會覺得你是個「再推一把就會答應的人」。或許已經有些特定對象把你當成這樣的人了，請一定要從現在開始改變。

有時對方會讓步或是提出條件，而你選擇妥協，這樣倒也無所謂。不過，你必須了解的是，這樣也有可能讓對方覺得「只要再推一把你就會答應」。你也必須知道，過去對方之所以能夠強迫你答應，或許也是因為你自己先決定妥協。

基本上還是要保持「一旦開口拒絕，就要拒絕到底」的原則。

或許你會覺得就是因為做不到才感到困擾，本章就是為了無法拒絕的人而寫的。請記住以上介紹的五個法則，接著將進入具體的拒絕策略。

讓對方無法再步步進逼！十三種「拒絕」方法

先學這幾招！基本技巧篇

①先試著模擬拒絕對方的情境

接下來要介紹各種拒絕的策略，不論是其中哪一種，都建議你想像一下

「下次對方再提出什麼要求，我就要這樣拒絕」。

總是被耍得團團轉的人，其實根本不習慣「拒絕別人」。也可以說是因為不習慣拒絕，才會在每次被要求「做這個」「做那個」的時候，被耍得團團轉。

即使是讀完本書，了解各種拒絕方法之後，實際在受人拜託或受到邀約時，也不一定能做出適當的反應，或許還是會因對方的強勢而無法拒絕。為了避免發生這種情況，建議你先在自己心裡試著模擬。當對方真的提出你不想答應的請託或邀約，再按照模擬的情況實際開口拒絕。

事前先模擬，還有另一個效果。

這麼做可以先培養「下次對方再要求，我就這樣拒絕」的意識。只要你有這樣的想法，就能放出「拒絕的氣場」，藉此增加「威嚴」。

那些曾經把你耍得團團轉的人也會確實感受到這股「威嚴」。

只要你擁有「接下來我會乾脆拒絕」的意志，加上「我要這樣拒絕」的想像力，實際上，須要真正開口拒絕的情況可能就會跟著減少。這正是所謂的「不戰而勝」。事前模擬其實也可以說是一種拒絕的策略。

②假裝短暫考慮

想要拒絕時，表現出「猶豫」的樣子不是件好事。或許你在猶豫的其實是「該怎麼拒絕」，然而，看在對方眼中，那就是「你正在猶豫，再加把勁你就會答應」的大好機會。

在前面介紹的拒絕訣竅中有一條是用詞要「短而明確」「俐落精準」。與其嘟嘟囔囔地說些聽不清楚的話，不如簡短俐落地拒絕，這樣不但能大幅減輕你的壓力，對方也會乾脆放棄。

不過，在對方對你提出請託或是邀約的瞬間就回答「我做不到」「我不能去」，未免太過直接，也會給人不好的印象。

因此，最好假裝你經過了一段短暫的考慮。

這裡要注意的是，你要表現出的不是「猶豫」而是「思考」「考慮」。利用這一段短暫的「空檔」，製造出「我試著考慮回應你的請託／邀約，但最後發現自己實在沒辦法做到」的氣氛。若用台詞來表達，大概是以下這種感覺：

「啊……啊，對不起，我不行。」
「啊……啊，對不起，我不能去。」

一開始的「啊……」視線要看著稍微偏上的方向，假裝自己正在思考，接下來照著前面介紹過的拒絕訣竅，毫不遲疑且「短而明確」「俐落精準」地說出：「啊，對不起，我不行（我不能去）。」

如此一來，對方就會覺得「你有好好考慮過」。也就是說，一開始那一聲「啊……」是你對對方展現的「溫柔」。對方已經先接收到你的「溫柔」，因此就算最後被拒絕，也不會產生敵意。這樣就可以既不搞壞自己的

察覺
啊！
啊……
假裝在思考
（也可以真的思考）
《NG行為》
・露出驚訝的表情
・眼神飄忽游移
・低著頭

是喔
沒就辦法了
對不起。
我不行。
我現在才發現
（假的）

形象，又能讓對方乾脆放棄。

③全面肯定對方

在輕鬆拒絕的五個法則中，有一條是承認「有問題的是我」，藉此讓對方放棄。

實際上使用這個法則的技巧，就是現在要介紹到的「全面肯定對方」。這個方法很簡單，一點也不複雜。

一開始先表示出你認為對方說的很好也很正確，每個人當然都會接受。也可以先表達感謝，告訴對方：

「謝謝你來跟我說這件事。」

在全面肯定對方之後，再「短而明確」「俐落精準」地拒絕。

「但我就不用了。」
「這次我不參加。」

在這個範例中可以看出，須要保持「短而明確」「俐落精準」的只有「拒絕的時候」。肯定跟讚美對方的部分即使長一點也沒關係。

其實，肯定對方的話多說一點，才能讓對方感到「你在肯定我」「你跟我有同感」，因而感到滿意，即使最後遭到你乾脆的拒絕，對方也比較不會對你產生敵意。

拒絕的時候，與其說出「拒絕的理由＋『所以』我拒絕」，不如改用「不拒絕比較好的理由＋『但是』『然而』我拒絕」，效果會好上許多。

如果說出自己拒絕的理由，對方就會「想要推翻這個理由」再度試圖強迫你接受。不過，如果說的是不拒絕的理由，對方就會心想：「既然你都知道了還拒絕，那應該是真的沒辦法。」也就不得不放棄說服你。

以下舉出一個具體案例，幫助各位想像實際使用這個技巧的情境。

舉例來說，當對方邀請你參加某個團體聚會，你可以這樣說：

「哇，原來有這種團體啊。原來如此，謝謝你邀請我，聽起來好棒喔！一定就跟你說的一樣有趣。成員好像也都是很好的人。**但我這次不會參加。**真的謝謝你邀我。要玩得開心喔！」

在這個範例中，使用「短而明確」「俐落精準」原則的只有「但我這次不會參加」這句而已。

這個小節的開頭曾經說過：「要表達你知道對方的提議真的很好、很正確，每個人當然都會接受。」或許你會覺得要做到這點，必須每次都得思考要肯定對方的哪一點。

但其實，你並不須要每次都去想對方哪裡好。

請再看一次剛剛的範例。

雖然說了「很棒」「有趣」「很好」，但完全沒有提到這個聚會哪裡很棒，哪裡很有趣，哪一位成員的哪一點很好。

也就是說，你不須要思考該說些什麼，只要準備一些萬用的讚美詞，幾乎不用經過大腦就可以說出來。

只要將「很棒」「很有趣」「很好」「很吸引人」「很有幫助」「讓人有活力」「很厲害」「很划算」「能讓人成長」「能學到東西」等詞語組合起來就好。

舉例來說：

・當對方邀請你參加純女性聚餐之類的聚會，可以說「聽起來很棒」「很有趣」。

・對方邀你參加自我啟發講座，就說「很有幫助」「能讓人成長」。

・邀你參加多層次傳銷或投資講座，就說「很划算」「能學到東西」。

用這些讚美詞全面肯定對方之後，再說「但我這次不參加」。

先肯定對方再拒絕，對方就不太會對你產生敵意，而且無法再次進逼，只好選擇放棄。

④用別人來當擋箭牌

拒絕對方時，不用堅持自己的操守。

如果說謊可以輕鬆拒絕，那就說謊。

有人把你耍得團團轉，而你想擺脫他的控制，為此說謊並不是什麼壞事。你不須要因為自己說了謊而有罪惡感。

而且，其實對方就是在你可以乾脆拒絕，也應該拒絕的時候糾纏不休，讓你無法拒絕到底。因此，現在你才會試著學習拒絕的「策略」。

今後為了保護自己，請多少學會利用有些狡猾的言行。

其中，「用別人來當擋箭牌」就是一種拒絕的有效方法。也就是「我都可以，但這個提議對我身邊的人不好，所以拒絕」。

例如媽媽友之間的邀約，就是可以使用這個策略的典型例子。

「謝謝妳邀我，可是我老公很討厭這種聚會。之前也有類似的邀約，但我去完之後回家，我老公很不開心……家裡氣氛也不太好，小孩很可憐，所以我這次就不去了。」

這種拒絕方式透露出的弦外之音是：「如果答應妳的邀約，會害我跟老公吵架，小孩也會傷心。」

也就是說，這種策略藉由表達接受對方的邀請會有哪些風險，讓對方覺得「那就沒辦法了」。

因此，這個風險愈大愈好。

說得極端一點，如果你說「上次被打讓我下巴骨折」，對方一定會嚇得放棄邀你。但如果謊言被戳破就會失效，因此要在「可能的範圍內」編造一個較大的風險。

⑤表現出對「第三者」的怒氣

這種策略和前一種一樣，也是用自己以外的某個人為理由來拒絕。

前一種策略「用別人來當擋箭牌」是說出答應對方邀請後會產生的「風險」。在這裡要表現的則是「怒氣」，讓對方看到「你很想去，但因為第三者的原因而不能去，真的很生氣」。

和前一項相同的是，這個「因第三者而造成不能答應對方邀約的理由」，就算是編出來的也無妨。

這個策略適用於你想拒絕「應該答應的邀約」，卻又苦無正當理由的時候。讓對方以為第三者引發了事端，使你無法答應邀約。第三者引起的事件本身愈嚴重，對方就愈無法強迫你答應。

舉例來說，當媽媽友邀你參加親子聚會，如果只說「我不去」可能會招致反感，但如果用以下的藉口拒絕，對方就不會再強迫你參加。

「這週六的聚會我也想參加，但我媽身體不舒服，一直叫我週末去陪她……老是在我有事的時候這麼說，真的很煩耶……（用力嘆氣）」

這裡用來當藉口的第三者，建議選用「自己的爸媽」「公婆」「祖父母」等對你來說「必須盡量聽話的對象」。

如果對方是媽媽友，就會設身處地想像你的情況，用這種理由拒絕就會有很好的效果。

在這個範例中，對方應該會說：「那你就去陪媽媽吧，我這邊沒關係。」不過，或許還是有些人會試著用巧妙的話術繼續說服你。

「雖然媽媽有狀況，但你也有自己的生活啊。這週末真的不行嗎？你媽那邊一定要你去嗎？」

這時，請同意對方說的話，把「害你不能答應」的第三者當成「你和對方共通的敵人」，和對方一起指責第三者。

「真的，我也好想這樣說啊……（用力嘆氣）」

「沒錯，為什麼就剛好是這週末？為什麼是我？我真的也很想問，真是的……（用力嘆氣）」

當然，就算你表現出同意對方說的話，也不用接受他的邀約。

只要表現出「我的想法和你一樣」，再營造出「已經決定是這樣了，就算跟你談過也不會改變（希望你不要再提了）」的氣氛。最後的嘆氣就是這個意思。

如果不堅持這個態度，就會被對方的氣勢壓過，一不小心就會說出：「好，我再問問看我媽。」之類不必要的回應。

當你表現出毫不隱藏的怒氣，會因此畏縮的其實是對方。對方推了你一把，叫你「要來聚會喔」，而你藉由對第三者的怒氣，間接推了回去。

最後有一點須要注意。

所謂的表現出怒氣，指的不是提高聲量等神經質的舉動，若以文字來表

真的，為什麼偏偏挑這次啊……。
我也很想問啊……（嘆氣）
在這裡結束話題

現，你要使用的不是「！」而是「……」，要表現出冷靜的憤怒。這樣比較嚴肅，也能讓你的拒絕發揮最大的效果。

⑥用生理反應讓對方閉嘴

前面的章節提過，要當個拒絕達人，就必須「別試著讓對方理解」，因為用「說明」來拒絕是沒有效果的。

愈是用正確的邏輯來說明，愈會讓對方搬出更高明的說法。

因此，拒絕時必須誘導對方「放棄」，而接下來要說的「做出生理反應」，就是具體的拒絕策略之一。

所謂的生理反應，具體來說就是「害怕」和「不行」。

「討厭」會給人自我中心的印象，但「害怕」和「不行」則讓人覺得是本人也無法控制的生理性反應，反而會給人「好可憐」的印象。

這個策略並不是萬能的，但在對方對你發出一些「不清不楚」的邀約時相當有效，例如：「我在做的多層次傳銷真的很賺，你也買一點嘛」「我要辦一場都是高學歷型男的聯誼，你也來嘛」。

這時，你可以說：

「咦……這種的我有點怕……。嗚哇，好可怕好可怕！對不起，我不能參加。」

「欸……沒問題嗎？啊啊，不行不行不行！對不起，我不能去。」

「嗯……我有點怕耶。哇，不行不行！對不起喔，我還是沒辦法。」

重點是要連喊好幾次「好可怕」「不行」，表現出「你真的很害怕」的樣子。

喊的時候不要想著讓對方聽到，而要像自言自語一樣連續喊好幾聲，讓對方無法繼續與你對話。看起來就像是你在自己腦中想像了某個情境後毛骨悚然，因此表現在表情和語言上，才會喊出「好可怕好可怕」「不行不行」。

對方的說服被你這樣打斷之後，也很難再繼續進逼。

害怕鬼屋的人，就算知道一切都是假的，還是會害怕。

無論其他人如何說服他「這一點都不可怕」，但人的恐懼之心是沒有那麼容易就消失的，可怕的東西就是可怕。人的思考可以用邏輯改變，但人的生理反應幾乎不可能改變。

盡情展現出無法改變的狀態，讓你與對方的對話無法繼續下去，這也是一種「威嚴」。

很少有人能無視對方的生理反應，堅持要對方聽從他的意見。

這是因為，一個人已經說出「好可怕」和「不行」表示拒絕時，一邊說「真的沒問題」一邊繼續強迫對方，是一種違反人道的行為。每個人都不希望自己是那麼過分的壞人，遇到這種怕得不得了的人，只能做出「你這麼害怕／真的不行就沒辦法了」的結論，選擇放棄。

⑦接受對方的說法，但不被說服

相信各位也曾有過這樣的經驗：想做一件事時卻受到社會大眾、常識或同儕壓力的阻撓。

這時有一個好方法是「擺脫社會大眾的眼光」。這個方法利用了之前介紹的基礎技巧，若覺得自己做得到，可以參考看看。

用一句話來說，就是「扮演怪咖」。

以下舉實際的使用範例來說明。

當別人對你正在做或準備要做的事表示否定或強烈的反對，請先這樣回答對方：

「沒錯！」

接著，再大大方方說出你這麼做會有的缺點與壞處。

「沒有錯，我想做的事會帶來這些壞處，也有這種風險，以合理的方式思考過後就會發現，這不是個明智的選擇。」

接下來，還要積極承認對方提到的「不要這麼做比較好的理由」以及「你不能這麼做的理由」。

「確實是這樣」

「對，也會有這個壞處」。

之後，再說出這句總結。

「就是這樣，**我還是想做所以會繼續做**。但一般會認為這是錯的，我也不建議別人這麼做。」

當你這麼說完，對方十之八九會陷入沉默。

而且，這種答覆方式不會讓對方生氣，如果應對得好，甚至還會提高好感度。

這種「接受對方的說法，但不被說服」的方法，和之前提到的「全面肯定對方」，同樣都是「奇怪的人是我」的應用。

先說「原來如此，確實就是你說的這樣」，接受對方的說法，但不被說服，告訴對方「我不會照你說的做」。

當對方一直說「這種事不要做比較好」「你一定要這樣做比較好」，對你提出強烈的反對意見或鍥而不捨的說服，而你想要一口氣突破這些障礙，就可以利用這個方法。

以下是具體的使用範例。

「原來如此，確實是這樣。我想做的事有這種風險，如果風險成真，會造成這麼多的損害，在合理的思考下，我想做的事確實並不聰明。」

「原來如此，確實是這樣。你說的事情有這種可能性，如果將它發揮到最大限度，對自己非常有利，一定要這麼做才對。」

像這樣表現出自己已經全面「接受」對方的意見之後，再說出「但我不接受」。

「如果有人也想這麼做，一定要阻止他。**但我還是會這麼做**。好險啊！我差點叫別人也這麼做了。謝謝你提醒我。」

「如果有人也在這裡躊躇不前，我會建議他這麼做的。**但我自己不會**。謝謝你提供意見！」

如各位所見，「不被說服」的部分幾乎只有不引人注目的短短一句「但我還是會這麼做」「但我自己不會」。像這樣自然地加在話語中，反而會給人「我絕對不會這麼做」的感覺。

在這之後，還可以再加上「不照你說的做，我就是這麼奇怪的人，很有趣吧？」也就是讓對方看到「有夠奇怪的你」，一起覺得好笑。

舉例來說，當你已經說出「但我還是會這麼做」「但我自己不會」，可是對方仍然不肯結束話題，繼續糾纏：

「所以你也知道不要去做比較好吧？那就不要做啊！」

「所以你也知道一定要做比較好吧？那就去做嘛！」

這時，你可以試著這樣回覆：

「對啊！就是這樣，我都知道。我都這麼清楚了，正常來說應該要去做吧？可是你看，我就是不做。超好笑的吧？我都知道這麼多了，還是不去做，這就是我最迷人的地方啊！啊，說到迷人，昨天我看到一隻超迷人的狗……」

自發性的積極扮演怪人，再跟對方一起嘲笑自己，當你和對方具有同樣的視角，對方就不會對你產生反感。

最後再像例句最後示範的一樣，用「說到這個，我昨天～」來轉移話題，也有很好的效果。

如果對方還想繼續糾纏，你還可以再加上最後一擊。

「好啦好啦，我這是老毛病了，當它是一種病吧。」

講到這個地步，大部分的人都會放棄繼續說服。

不管對方有沒有在笑，有沒有跟你一樣覺得好笑，都無所謂。只要堅持「我自己也覺得自己很好笑」，讓對方跟著掉進這個坑，你的目的就達成了。

⑧出乎意料地好用！「一擊必殺的最強關鍵字」

相信各位已經漸漸習慣拒絕的策略了。

接下來要介紹一個比較強烈的策略。很多人剛看到時都會覺得「這種事我做不到」，但習慣以後其實不難，而且效果很好，請一定要試試看。

這種策略是在對方對你發出請託時，這樣回應：

「哇～我不要！」

（稍微等一段時間，假裝自己在思考）「不要不要不要！」

這個策略的重點在於出乎意料，對方一定會驚訝到呆住。對方沒有預料到你會這麼直接的表達，而我們要做的正是讓對方嚇一跳，讓他們心想：「啊，那真的沒辦法了。」

這招用在上司或其他地位比自己高的人身上，當然會有危險。不過，家人、朋友、媽媽友，職場上的同事或資歷比自己稍微深一點的前輩都可以用。適用範圍出乎意料的廣。

若你覺得這一招用來「拒絕」不好用，可以把它當作「讓對方接受妥協選項」的方法。

聽到你茫然地喊出：「嗚啊啊啊，不要啦啊啊啊啊！」對方應該會笑出來。接著你要立刻提出妥協選項：「但如果是這樣，我可以做到。」

如此一來，對方也比較容易說出：「好啦好啦，我知道了，那就拜託你了。」接受你的提案。

⑨只要「大聲說話」就有效

要讓對方出乎意料，也建議單純使用「大聲拒絕」這一招。

舉例來說，公司的前輩邀你：「今天要不要一起喝一杯？」你就可以大聲說出普通的拒絕台詞：

「啊，對不起，我今天要加班。」

「啊，對不起，我今天跟別人有約了。」

一開始你可能會對大聲說話有抗拒感，不過，聲音的威力比你想像得還要大。

相信每個人都有聽到別人大聲說話而嚇一跳的經驗。人類有對大聲感到畏懼的生理反應，這一招正是要利用對方的這種反應。

不過，這麼做不是在表現出「威嚴」，因此如果造成了「威脅」，反而會帶來反效果。

為了不讓這句話聽起來變成「威脅」，使用的言詞不可以有攻擊性。要選擇平穩友善，不會傷人的話語，只放大音量，這樣就能取得「溫柔」與「威嚴」的巧妙平衡，也不會給對方不好的印象，雖然還是會讓對方稍微嚇一跳。

⑩沒有勇氣拒絕時，就「先沉默不語」

你可能會覺得不管策略⑧和⑨多有效，對你來說都太難了。

如果你有這種感覺，建議使用完全相反的策略。

即使無法明確拒絕，只要沒有說出「好」，就不算是有答應對方的請託或邀約。

其實，想拒絕別人時，「沉默」也是很有效的。

這個策略的重點在於露出「正在沉思的表情」。

如果光是保持沉默，表情很容易會顯得呆滯茫然，這種表情會讓人產生生理性的煩躁。為了避免因此損害到你的形象，或是與對方陷入敵對，沉默時必須露出「正在沉思的表情」。

就算難以直接拒絕，至少「沉默」是每個人都做得到的。再加上「沉思的表情」這一點小小的要素，就能一口氣為接下來的拒絕布局。

希望各位可以了解，這一切都是一種表演。

你正在飾演「以沉思的表情陷入沉默」的角色。因此當你露出沉思的表情，並不是真的一定要思考。即使腦中一片空白也沒關係，只要做出好像在思考的表情就好。

這個策略還有一個應用技巧，就是先重複一次對方說的話再沉默，效果也很好。

舉例來說，當對方跟你說：「今天把這些做好。」

你可以說：

「今天把這些做好嗎……（露出「沉思的表情」陷入沉默）」

如此一來，對方通常會受不了沉默而說出「算了算了」打消念頭，或是說出：「如果今天做不完就明天吧。」選擇讓步。也就是說，你利用「沉默」這種武器取得了對話的主導權。

這種方法每個人都可以用，而且相當有效，只要試過一次，就會產生「我也能拒絕別人」的自信。當你有了自信，就會出現「下次試試看別種方法」的念頭。

拒絕的策略愈是多樣化，你就愈能成為「不被對方牽著鼻子走的人」「不會被耍得團團轉的人」。

⑪只答應「做得到」的事

有些場合或時機，真的很難拒絕對方。

也有些人就是非常不擅長拒絕別人。

連使用策略⑩「露出沉思的表情陷入沉默」都有困難的時候，其實還有個更簡單的方法。

那就是「自己提出妥協選項」。

雖然無法百分百接受，但在做得到的範圍內就可以答應。只要這個妥協選項是你自己提出的，就能稍微改變「被對方耍得團團轉」的狀況。

雖然你接受了一部分對方的提案，但對方也接受了你的提議，因此人際關係的主導權也就來到你的手上。

因此，就算對方不接受你的妥協選項，你也沒有無情地拒絕對方，甚至還提出了替代方案，是對方拒絕你的提議。事後無論對方怎麼抱怨你，你也不會良心不安。

具體來說，當認識的人對你提出請託或邀約，或是地位較高的人對你提出請託或邀約，你可以這麼回：

「抱歉，那件事我做不到，不過如果是這個就可以。」
「抱歉，我沒辦法全程參加，不過可以去露個臉。」
「對不起，這對我來說有點難，我大概可以做到這個程度。」
「對不起，我今天沒有辦法，如果是下週早一點的時間就能陪您去。」

出乎意料的，這個策略在任何案例中、對任何人都能使用。

這個策略的好處不只是掌握主導權，事實上，「只答應做得到的事」還能提高別人對你的信賴度。

容易被人耍得團團轉的人，就算對方提出自己不擅長或做不到的要求，也常常會二話不說就答應。或許你也有類似的困擾。

一旦接受了，就只能去做。然而，不擅長的事就是不擅長，做不到的事就是做不到。

無法達成對方期待的成果，對方會對你感到失望，你也會就此被烙上「無能」的烙印。如此一來，你就會成為畏畏縮縮的「弱者」，和對方的主從關係也會愈加堅固。對你來說，一點好處也沒有。

美國企業家托馬斯・華生（Thomas J. Watson）是ＩＢＭ的第一代執行長，他曾說過一句名言：

「我不是天才，只是有幾件事做得比較好，而且一直沒有離開過這幾件事。」

這句話的意思是：做自己擅長的事，自然會持續出現成果，周遭對你的評價也會隨之提升。所謂的「天才」並不是萬能的人，而是只做自己做得到的事，做不到的事則一直做不到。

請各位學習這句天才名言中隱含的道理。

當你清楚說出自己「做得到這個，做不到那個」，會帶來一個奇妙的效果，那就是「做得到」的事似乎做得更好了，而且因為做得到的事自然會有成果，因此你一直都能回應對方的期待。

有了好的評價，受人信賴之後，你就不再是「弱者」，而是擺脫你和對方主從關係的「獨立者」。

為了自己的成長，你可以接受稍微有點挑戰性的任務。當然，這麼做也沒有問題，因為這是你身為一個獨立者的決定。

不過，要是為了避免拒絕而連不擅長的事都決定答應，就會像剛剛說過的一樣自掘墳墓。

因此，請時時提醒自己，「只能答應自己做得到的事」，明確告訴對方「哪件事你能做到哪裡」。

或許對你來說連要這麼做都不容易，但踏出最初的一步非常重要。比起完全的拒絕，只答應自己能力所及範圍內的事是比較容易做到的。

⑫「若無其事」地跟對方搭話

我從①到⑪介紹了幾種拒絕策略之後，在這裡則要告訴各位一件很重要的事。

請一定要一起學會「拒絕」和「拒絕後的應對方法」，這兩者是一個套組。

拒絕後的應對方法非常重要，甚至可以說，比起「如何拒絕」，「拒絕後的應對」才是決定今後你與對方關係的關鍵。

你也可以告訴自己：「只要不弄錯拒絕後的應對，如何拒絕本身根本不是什麼大問題。」如此一來，對拒絕的抗拒感與恐懼或許也會跟著減輕。

那麼，拒絕對方的請託之後，該如何應對呢？正確答案是——若無其事地跟對方搭話。

如果客觀看起來你沒有不對，拒絕之後就不用特地主動聯絡對方，也不用去見對方。

就算拒絕時你有不對的地方，只要在當下道歉，這件事就已經結束。之後再牽扯不休並沒有好處。

你只要完全若無其事地跟對方說話就好，例如：

「對了，你有看昨天的連續劇嗎？」

「說到這個，下次的會議……」

如果你認為「拒絕」是很特別的事，就會一直感到尷尬。

所以，要若無其事地向對方搭話，最好搭話時臉上就寫著：「對我來說拒絕就跟呼吸一樣平常」「我過去拒絕各種邀約大概有八萬五千次」「下次再有類似的狀況，我也會用跟這次一樣的方法拒絕」。

說起來，不論是對方對你做出請託或邀約，還是反對你正要做的事，或是強烈建議你去做某件事，這些全都是對方擅自決定的。

只要這些事的內容與你曾犯下的錯誤無關，你就有權利拒絕對方的提案。

然而，若你一直懷抱著罪惡感，向對方展現抱歉的態度，對方看到了以後，也會覺得你真的對他做了很過分的事。但事實上，你並沒有對他做任何過分的事。因此，拒絕對方單方面的請託後，正確的應對是——若無其事地跟對方搭話，將對方拉進你的世界觀。

就算下次見面時，對方看起來不開心，你也要假裝沒有發現，若無其事地向對方搭話，如果對方反應不好，你也要告訴自己：「他好像有什麼不開心的事，暫時讓他靜一靜好了。」不要把對方的情緒與你的拒絕做連結，維持跟過去一樣的應對就好。

不開心的表情是一種恫嚇，意思是：「你之前拒絕那件事害我很受傷，你應該覺得抱歉，而且跟我道歉。」但你沒有義務要隨著對方的情緒起舞。

利用這個策略，你也可以看出今後該如何處理跟對方的關係。

若無其事的搭話，是你向對方傳達出「今後還想跟你維持關係」的訊號。我們要觀察的是對方對這件事的反應。

如果對方跟上你的話題，彼此都能若無其事地對話，繼續維持這段關係也無妨（不過，為了避免對方搶回主導權又把你耍得團團轉，你必須保持「溫柔」與「威嚴」的平衡）。

若是你向對方主動搭話，對方仍表現出不開心的模樣，建議你告訴自己：「他只是累了所以不開心」「他一定是因為很忙所以不開心」，然後默默遠離對方。

你需要的是刻意不揣摩對方情緒的遲鈍。

在輕鬆拒絕的五個法則中，有一條是做好「切斷關係的心理準備」然後放手。這裡說的不是主動切斷關係，而是跟對方保持距離，對方自然就會遠離。如此一來反而能讓對方領悟，如果想要跟你相處，自己必須主動接近你。

⑬答覆要快，不要讓對方看到你「茫然的表情」

最後要說明的是不拒絕對方，「選擇接受」時的對應方法。為了擺脫對方的控制，除了有拒絕的策略，其實也有接受的策略。就是「盡快做出答覆」，不讓對方看到你「茫然的表情」。

舉例來說，有些人在指示對方工作時，會使用「你把這個做一做」這種欠缺具體性的表達方法。

如果接受這種指示，你會一直不知道該處理哪些事，也不知道該做到什麼地步。因此，身為接受指示的人，你必須釐清工作的內容。

這原本是發出指示的人應該要說清楚的事，但卻非得要你自己去確認不可，確實是很不合理，不過，既然接受到這種隨便的指令，你也沒有辦法。

因此，你必須確認對方的意圖。這時，請「盡快做出答覆」，才不會露出「茫然的表情」。

聽到不清不楚的指示時，通常我們會覺得「咦？」腦袋一片空白。當這個「咦？」寫在臉上，就是「一臉茫然」，而「茫然的表情」會讓對方感到煩躁。當對方煩躁不已，而你因此畏懼，可能會再次加強你們的主從關係。

因此，如果要接受對方的要求，就要盡快答覆說「好」。之後再提出問題，釐清含糊不清的地方。

舉例來說，「把這個做一做」的指令沒有明確的作業內容與期限，這時，你可以盡快這樣回答：

「是。您說的是要把這件工作在這個期限內做完，是這樣嗎？」

就算不知道對方指的是什麼，還是要盡快給出答覆，不要讓對方看到你茫然的表情。

也可以直接問：

「不好意思，您說的是哪一項工作？」

或是先重複一次對方的話，例如對方叫你：「把那個檔案整理起來。」時，你可以回：

「要整理那個檔案對嗎？請問什麼時候要呢？」

像這樣盡快做出答覆，接著再提問。

總之，球要丟回去給對方。有不了解的地方不要自己苦思冥想，而是透過與對方的對話梳理。

對方向你說了什麼之後，別讓這段空檔成為「你在思考的空白時間（露出茫然表情的時間）」，要讓它成為「對方思考的時間」。

「對方向你說了什麼，而你正在思考」就是一種受到逼迫的狀態。因此，我們要藉由快速回覆後提問，將現狀逆轉成「你提出問題，對方思考」，也就是你逼迫對方的狀態。

這麼一來，對話的主導權在誰手上呢？是你問對方問題，讓對方思考，因此對話的主導權是在你手上。這就是這個方法的效果。

或許你會擔心提問之後對方只會說：「別問了，快去做！」不過，只要注意下面這一點，就沒有問題。

提問的時候，臉上要表現出：「我發問不是為了自己，是為了完成工作，而且這是你跟我的共同目標」。

之前曾經提過，「當你和對方的視角相同，對方就不容易對你生氣」。

也就是說，不要畏畏縮縮地發問，而是堂堂正正地用「我知道你在說什麼」的姿態提出問題。請放心，只要做到「快速答覆問題」，自然而然就能營造出這種氣氛。

在這裡要製造的是「工作能力強，足以信賴」的氣場，當你擁有這種氣場，自然就能擺脫對方的控制。

原因之前也提過，想要操控他人的人，會選擇容易操控的人當目標。當你透過態度與言行舉止，表達出自己已經不是弱者，而是一個獨立的人，對方就會自動放棄把你當成操控的對象。

另外，這個策略也可以用在對方責問你的時候。聽到對方質疑：「怎麼搞砸了」「這是不是你做的」，我們通常會腦袋一片空白，心想：「咦，有問題嗎？可是到底是哪裡有問題？」

跟對方發出模糊不清的指令時一樣，當你露出「茫然的表情」，會讓對方心浮氣躁，想叫你快點解釋清楚。

其實，這種人的行事風格就是如此，常用模糊不清的表達方式說話，再對搞不清楚他在說什麼的人生氣。

不過，症狀相同也就代表可以用相同的方法治療，也就是「盡快答覆」。

「是的，是我做的，請問不要做比較好嗎？」

「是的，我沒做，請問要做比較好嗎？」

只要像這樣把問題丟回去就好。

在這裡也一樣要把球丟回去給對方。如此一來，你就可以省去動腦思考，而是對方必須思考。也就是讓對方不得不去面對自己剛剛沒有用腦的現實。即使你受到了指責，也不會再被對方控制。

※正在以Joe method處理道德騷擾的讀者請注意：

請把這個章節提到的「茫然表情」和Joe method的道德騷擾對應策略之一「茫然表情策略」當成不一樣的狀況。這裡提到的「茫然表情」不是策略，而是因為對方的行為讓你腦袋一片空白，因而在無意識之間露出的「茫然表情」。和Joe method中為了阻止對方對你施予道德騷擾而刻意擺出的「茫然表情」完全不同，請不要混為一談。

＊＊＊

本章就在這裡劃下句點，或許各位讀完之後會覺得都是一些小聰明、小手段，但我要再次強調，你完全不須要改變自己的本質。

相反地，正是為了保護你自己的本質，才需要這些技巧。

不受任何人擺布，生活如魚得水的人，多半都是在無意識之間使用了這些技巧。建議你也把這些當作是學習保護自己所需的技能，以「演出這種角色」的心態，立刻試試看本章介紹的策略。

方法3

用「自然的威嚴」讓對方自然遠離

威嚴「感」是製造出來的

前一章介紹了對方對你發出請託或邀約，而你想要拒絕時該怎麼處理的具體策略。

接下來，這一章要介紹的是平時就可以製造「威嚴」的具體策略。

序章中提到過，健康的人際關係是由「溫柔」與「威嚴」的平衡建立起來的。如果這世上每一個人都尊重你，且用你希望的距離感與你接觸，那麼就算你只有「溫柔」這項武器，在某種程度上依然可以在社會上生存。但令人遺憾的是，這世上當然有人願意尊重你，但也有人會把你要得團團轉卻不以為意。就算摒除這個前提，人與對方之間理想的距離感也是因人而異。家庭、職場、媽媽友、朋友與社團夥伴，只要去到人們聚集的場所，就會在其中產生利害關係。有些時候，你必須在日常生活中提出自己的意見，或是保護自己不被周遭的人壓垮。

這時，你要使用的就是你心中和「溫柔」配成一對的武器，也就是「威嚴」。

前面的章節已經說明過，這裡所說的「威嚴」並不是脅迫他人或找人吵架的「威嚇行為」。

本書談論的是在日常人際關係中，平常就要保有的「威嚴」，它是一種氣場，目的是在當對方靠近到幾乎要跟你合而為一，讓你能夠推開對方；當對方和你密切到幾乎要支配你，讓你能夠擺脫控制，保持彼此都是「獨立者」之間舒適的距離感。

因此，這種「威嚴」必須是你在日常生活中的氣場，盡量不要讓對方明顯地感覺到，愈「自然」愈理想。盡量在對方沒有察覺的情況下，就讓自己扳回一城。當你擁有了這種「威嚴」，再加上「溫柔」，就可以在不造成紛爭的狀態下，與對方建立起舒適且持續的「和諧關係」。

本章將會介紹製造「不讓對方察覺的威嚴」的具體技巧，可以用於日常生活中的各種人際關係。學會這招之後，被別人耍得團團轉的情況就會大幅減少，請配合情境挑選自己順手的方法來使用。

改變「被耍得團團轉的體質」！
打造「自然威嚴感」的十五種方法

①假裝認真在聽

首先就從聽別人說話的基本態度開始。

你可以利用「認真聽你說話」為藉口，在對方沒有察覺的情況下製造「威嚴感」。

重點有三個：①**閉上嘴巴**、②**眼神要銳利**、③**小幅度點頭，用認真的表情傾聽對方說話**。相信各位可以想像得到，這是一個「有點可怕的表情」，但看起來並不會像是你在威嚇對方。

對方確實有可能感受到你的威嚴而難以繼續說話，不過，這是因為你在認真聽他說話，才會製造出這種氣氛（這是藉口），因此就算對方被你的壓迫感震懾，也無法叫你改變這種態度。

因為如果對方真的叫你改變態度，你可以跟他說：「咦？難道我不能專心聽你說話嗎？」

為了造成這個效果，必須藉由③「小幅度點頭」送出「你有好好在聽他說話」的訊號。整體給人的感覺是「你因為聽得太過認真，才造成給人壓迫感的表情和氣氛」，使對方無法因此責怪你。

還有一個應用技巧是在點頭的空檔，再加上「嗯？」的疑問表情，更能真實演出「認真聽人說話」的模樣。

當你用這種態度聽人說話，對方就無法輕鬆開口向你搭話。

如此一來，如果對方只是想要跟你說他想說的話，就會早早結束話題，若是想要把麻煩的事丟給你，就會心想「啊，算了……」而不得不放棄。

在這之後，你不用多說什麼，只要閉嘴微笑退場就好。對方心中會覺得「他應該沒有在威嚇我吧」，事實上卻感覺到了你的威嚴。

用這種方法，可以在不造成對方反感的狀態下，自然地讓對方難以繼續話題，接著自行放棄。這就是「假裝認真聽人說話」的效果。

②假裝集中精神

一個人聚精會神在做某件事時，總會讓人覺得「不好意思打擾他」，也因此較不好去接近。這個策略要利用的就是這項作用。

首先，如果是在職場上，請找一分手邊的文件或手機，無論是什麼都可以，試著盯著它看，輕輕嘆氣並稍微歪頭，發出不耐煩的咂嘴聲，露出對手邊文件內容或往來郵件感到生氣的表情。

如此一來，你就會散發出充滿威嚴的氣場，如果只有這樣，或許會給人不好的印象。

因此，當你從充滿威嚴的狀態下抬起頭，和對方四目相交，請露出短暫的微笑，再立刻把視線移回手邊，表情也慢慢地變回原本「似乎在生氣」的樣子。

如此一來，溫柔與威嚴就能取得平衡，製造出「冷靜但溫柔」的形象。一般來說，我們都會覺得這種能夠瞬間切換「威嚴」與「溫柔」的人具有知性，且值得信賴。

因此，平常就順暢地切換溫柔與威嚴，經常讓周遭的人看到你的這一面，周遭的人就會覺得你是個「具有『自我』且獨立的人」，也比較容易得到「不容易被擺布」的評語。

之後，以前把你耍得團團轉的人也會不得不把你從耍弄的對象中排除，主動跟你保持距離。

一臉不悅地看著手機是每個人都有過的經驗，請想像當時的自己來演出，相信這個方法並不難使用。

③用「眼睛」代替聲音來溝通

舉例來說，你一臉不高興地集中精神時，如果有人叫你，而你立刻出聲回應：「有！」這時剛剛具有的威嚴或許就已經跟著煙消雲散了。

因此，這時候建議試試看「不要出聲，只用眼神來回答」。閉著嘴巴看向對方的眼睛，抬起眉毛微微一笑。記得一直到最後都要閉著嘴巴。笑容也不要太大，只要「稍微面帶笑意」就好。

也就是說，用眼神而非聲音問對方「有什麼事？」光是這個動作，就能給對方「你很冷靜而有魅力」的印象。就算真正的你其實是熱情過度又靜不下來的人，只要做出這個動作，就能營造出冷靜的形象。

這個策略除了可以用於有人叫你的時候，也適用在其他狀況下。

舉例來說，當有人拿來你只需要收下的文件（例如公司內的傳閱板），或是你不在時打來的電話留言。

你可以不要出聲，嘴巴保持閉著，抬起眉毛露出微笑。這就是用眼神而非聲音表達的「謝謝」。

如你所見，這個方法最大的重點就是「不出聲」。

為什麼這樣會有效呢？因為沒事就不出聲的人，不會給人「希望別人了解我的心情」這種過度追求別人認同的印象，而是讓人覺得這是一個「具有知性與主體性」＝「擁有自我，不會被人牽著鼻子走的獨立者」。

在別人問你問題時回答：「是的是的，啊，是這樣嗎，好的好的。」這種多餘的詞句，會給人沒有主體性與自信、唯唯諾諾的印象，也會因此吸引想要擺布別人的人。

過去經常被耍得團團轉的人，多半都是在不知不覺間發出了多餘的聲音。

覺得自己有這種狀況的人，可以時時利用這個策略，藉此改變今後的言行舉止。

這個方法可以讓你的內在也發生變化。雖然沒有出聲，只用眼神與人溝通，用這種不特別謙遜也不討好他人的態度與人接觸，別人還是能夠充滿善意地接受你，這樣的自我意識能夠讓你更有自信。

這樣的自信，也會讓你更像是一個「具有主體性的個體」，也就是「獨立者」，同時也更加充滿不會任人擺布的氣場。

工作中
勤奮認真
來，傳閱板。
傳閱用
明明什麼都沒說，我卻都懂了
有點親近感…♡

④假裝精明幹練

應該有許多人都正在煩惱在公司裡「只有自己被分派到一大堆工作」，或是「全公司只有我被當成跑腿的」。

相信這樣的你，應該並不熟練在別人面前的「忙碌方式」吧。請從今天開始，試著用現代風格的方法忙碌。

現代有許多公司，如果員工只是一般地努力工作，一下子就會被指派許多不合理的工作，最後甚至有不少人因此被逼到絕境，或是過勞自殺。因此，除了認真工作之外，平時就要學會「精明幹練的忙碌方式」，並自然而然地利用這種方法，避免被指派額外的工作。

具體來說，建議在日常生活中加入以下的動作。

這些方法一點都不難，請從明天開始就試試看。

- 在公司內移動時，要邊看文件邊走。回到自己的座位之後短暫停下腳步，用疲累的表情吐一口氣再坐下。
- 工作中露出正在思考「嗯……這個……」的認真表情，若有深意地把桌上文件從左到右、從右到左調整排列位置。

這些動作都非常單純，可能會讓你覺得「真的這樣就好嗎？」但請仔細觀察你身邊沒有被上司硬塞一堆工作的同事。沒有被硬塞不合理工作的人，平常都是理所當然地做出這些動作。

有沒有好好做到這些，會就此改變你在公司的定位。

此外，對於平常拜託你做事的人，也要改變對待他們的態度。

• 拒絕時用：「啊……對不起，我沒辦法。」（參照拒絕方法②假裝短暫考慮）

• 答應時用：「啊，嗯……好的，我知道了。」

拒絕時，記得使用「拒絕方法②假裝短暫考慮」。其實在答應時也要用一樣的方法。

不要立刻就接受，要有一段短暫的時間假裝考慮。這個「啊，嗯……」的空檔時間，是為了讓你看起來像是在內心思考「要做這個也要做那個，我做得到嗎？嗯，應該做得到」。

如果每次都這樣停頓，看起來會很假，在重要的時刻再使用這個方法假裝思考就好。這樣可以讓你在面對對方的請託時，表現出「雖然我很忙但還是會接受你的拜託」的模樣，在公司內就會漸漸建立起「你一直都很忙，最好不要請你做一些無關小事」的形象。

人類其實出乎意料地單純。只要做出這種程度的行為，就能改變別人對你的印象。為了保護自己，平常就要記得做出不讓自己吃虧的言行舉止。

⑤邊打招呼邊做事

觀察對方的臉色、等待對方的一句話、經常處於被動姿態，容易被耍得團團轉的人都有這些共通點。反過來說，當你不看對方的臉色，表現出主動積極的言行舉止讓周遭的人都看到，就不容易被耍得團團轉。

因此，我們必須提醒自己，將平常的「打招呼」改成以下的方式。

單方面向對方打招呼就好，表現出「不在意對方是否回應」的態度。

請把它當成打招呼的鐵則。

過去若你對別人打招呼時都會在意別人有沒有回應，請從今天開始丟掉這分在意。

為了養成這種風格，請先刻意從「邊走路」「邊做某件工作」開始，練習「邊做事邊打招呼」。

「邊走路邊打招呼」時，完全不要改變走路的速度，只要在走過對方旁邊時臉轉向對方說「早安」就好。

說完立刻閉上嘴，看著對方的眼睛微微一笑，不等對方反應就離開。

「邊做事邊打招呼」則是幾乎完全不停下手上的工作，短暫抬起頭看著對方的臉說「早安」。

說完立刻閉上嘴，看著對方的眼睛微微一笑，不等對方反應就把視線轉回正在做的事上。

平常就用這種方式打招呼，可以讓你的形象在「溫柔」與「威嚴」間取得平衡，周遭的人對你的印象會是：「是個堅強而溫柔的人，決定自己的行動時不會受他人的評論與回報影響。」不會認為你是個任人擺布的人，會給予你應有的尊重。

⑥道歉時表現出「遺憾」

在你犯錯時，無論怎麼道歉，有些上司與同事就是無法平息怒氣。對於這種情緒化而易怒的人，有沒有什麼方法能快速讓他們恢復冷靜呢？

其實，對於這種類型的人，有個非常簡單的應對方法。

這個方法就是道歉時帶著「遺憾」的心情，而不是「抱歉」的情緒。

也就是說，道歉時不要用膽怯的表情向對方請求原諒，而是在對方對你發怒時，表現出「竟然做出讓您斥罵的事，我對這樣的自己非常生氣」。

對於對方的每一句話，你都要帶著「確實如此」的表情點頭。基本上不要說話，如果要說話，只要說一次「非常抱歉」，以及點頭時說「是的，您說的是」就好。

請以方法①介紹的「大幅度且緩慢的動作」來進行這些應對。

或許有些人會覺得這樣看起來太過妄自尊大，但是膽怯畏縮地道歉其實只會帶來反效果。用大幅度且緩慢的動作表現出「遺憾」，讓對方冷靜下來的效果會好得多。

這是因為遺憾的態度會讓對方了解，「比起你對我發的脾氣，我對自己更生氣」，而你也對對方的憤怒產生了共鳴，如此一來，對方的怒氣就會一下子冷卻下來。

用個比較誇張的比喻，當你在對方面前毆打自己，對方就會失去攻擊的念頭，因而在不知不覺間踩了煞車。這種心理作用會發揮效應。

正在斥責人的是對方，受到斥責的是你，這種狀況並不會改變。但實質上，對方的言行舉止是由你來操控的，而其他人也不會覺得你受到對方的擺布。

這時，你與對方已經沒有過去的主從關係了。每次被斥罵時都使用這個方法，你就能漸漸擺脫對方的控制。

⑦利用「宿疾」

提到「威嚴」，常會被誤以為是要表現得強勢。

確實，大部分時候，威嚴可以說是表現出某種「強勢」。

不過，要說「威嚴＝強勢」，又不見得是這樣。相反地，有些時候是藉由表現出「弱點」而製造「威嚴」。現在要介紹的「宿疾」就是一種典型的示弱策略。

想把別人耍得團團轉的人，一定會挑比自己弱小的目標下手。不過，他們也知道選一個身體孱弱的人當目標耍弄是很過分的事。

誰都不希望自己是一個做事很過分的爛人，也不希望周遭的人覺得自己是這樣的人。因此，當你拿出宿疾當擋箭牌，他們就不得不手下留情。

那麼實際上，要怎麼使用宿疾這個理由才好呢？

比起言語，更有效的其實是表現出「疼痛」。

提到假裝生病，很多人都會想起那種誇張的「裝病」。不過，在形勢對自己不利時突然咳嗽或抱著肚子喊痛，未免太過不自然，也很容易被看穿是在演戲。

而「宿疾」是「早就已經罹患，不知道什麼時候會發作影響到生活的疾病」，因此無論何時都可以用自然合理的方式裝病。

不過，貧血或偏頭痛等疾病較無法用「疼痛」來表現，這類的宿疾可能不太容易被理解，較不建議使用。

比起內臟類的疾病，外科問題較容易以「疼痛」來表現，其中最建議使用的是「腰痛」。

腰痛一旦惡化，可能會嚴重到無法走路。

而且，許多人都有過腰痛的經驗，因此比較可以想像「無法走路的嚴重腰痛」是什麼感覺。而且腰痛患者每天的狀態都不一樣，因此須要使用宿疾當藉口時腰痛才發作，也不會讓人覺得不自然。

綜觀所有疾病，腰痛應該是最方便拿來當理由的宿疾。

舉例來說，當有人拜託了你一件麻煩事，或是有人邀你參加完全沒興趣的聚會，就先露出痛苦的表情，臉上明顯表現出「對不起，老毛病（腰痛）又發作了……」

只要用這一招，之前很難推掉的請託或邀約應該都能順利拒絕。

⑧裝忙

有些人會接到來自「媽媽」或其他熟人的電話，明明沒有什麼事卻老是拉拉雜雜地東扯西扯，實在令人心煩。若你有這樣的煩惱，建議你使用以下介紹的策略。

這個策略是以「我很忙」為理由掛電話，不過，盡量不要直接說出「我很忙」，而是要在說話時假裝出「很忙的樣子」。

在了解對方打來的原因之前，先連珠砲地催促對方，這種情境或許會比較好想像。舉例來說就像是這種感覺：

「（說話速度很快）喂？是是，我現在很忙你有什麼事？嗯嗯嗯，好好，那下次有事再打給我。好、好，ｂｙｅ。（掛斷）」

如果對方說：「我是擔心你才打電話來的。」你可以回：「不用擔心啦。我現在很忙，沒有別的事了嗎？那有事再打來吧。ｂｙｅ。（掛斷）」

剛剛的範例雖然說了「嗯嗯嗯」「好好」，乍聽之下像是在附和對方，但這幾句並不是聽了對方說話之後才發出的回應。

是在對方想要說話時，你裝出非常忙碌的樣子，這時說的「嗯嗯嗯」「好好」其實是在催促對方。

要注意的是，必須避免造成明明要掛電話，最後又忍不住聽對方說下去的狀況，例如：

「我很忙，嗯嗯嗯……啊，是這樣嗎？可是我有現在必須做的事。好好……啊，原來是這樣。」這種狀況就跟之前被對方耍得團團轉時沒有任何改變，會漸漸被對方牽著鼻子走。

請不要給對方任何一絲說話的機會，要一口氣掛斷電話。

這種反應乍看之下似乎很過分，但事實上並非如此，因為你確實說了：「什麼事？」「怎麼了？」「有事再打來。」

也就是說，你表達的是：「如果有事我會聽你說，但如果只是閒聊就不奉陪。」你沒有拒絕對方所有的對話，展現了一定程度的「溫柔」，只是沒有「全部照著對方的意思去做」而已。

如果你不想也沒有時間聽對方說話，就快速掛掉電話。如果對方是經常東拉西扯、話匣子打開就停不下來的人，更不要給他機會說話，早點掛掉電話，才能維持讓雙方都舒適的關係。

⑨用「生氣的語調」說出有利於對方的話

「反正對你來說，我怎麼樣都沒差。」

不知道各位有沒有被人這麼說過？

會把人耍得團團轉的人，會經常對已經建立主從關係的對象說一些試探性的話語。這種狀況常發生在有道德騷擾傾向的男友對女友身上，有道德騷擾傾向的丈夫對妻子身上，不過，也有可能發生在一般朋友身上。

當對方認為你是「他的一部分」，這種想法愈強烈，愈會令他想要確定彼此的關係而說出這種試探。

對方的目的，是用挑戰的口吻說出測試你的話語，讓你感到不安。他只是想要看到你不安，確認你是被他牽著鼻子走的，就能心滿意足。

因此，對於這種「反正對你來說，我根本～」的起手式，最好的應對方式就是以「不吃你這套」的精神讓對方的計策失效。

既不讓對方感到不愉快，又能讓對方計策失效的方法，就是「用生氣的語調說出有利於對方的話」。

在這個範例中，請用認真的表情與威嚴十足的口氣宣告：

「我從來都沒有覺得你怎樣都沒差！」

說這句話時完全不需要有任何顧慮。雖然語氣很強烈，但就對方來說，是值得高興的一句話，因此對方也無法因為你的說話方式而生氣。甚至還會因為你說得斬釘截鐵而感到欣喜。

看到這裡，或許你會因為這個方法的結果是在哄對方開心而感到沒勁。但請仔細想想，因為對方的一句話感到不安而讓對方心滿意足，和藉由對那句話生氣而令對方開心，兩者之間有著決定性的差異。

如果你因為對方的一句話而感到不安，你的地位比對方矮一截的事實就不會有任何改變。

另一方面，若你因為對方的話語而發怒，就完全是一種比對方高一階的發言。

也就是說，你一派自然地展現出了強硬的怒氣，對方卻沉默地接受。藉由這樣的情勢變化，你與對方的立場也會在一瞬間逆轉。

對方會因為你突然說出令他欣喜的話而沒有發現這點，然而，立場的逆轉在你們雙方之後的關係性上也會發揮效果。這也就是藉由「自然展現的威嚴」抵銷過去的主從關係。

⑩只看對方的「一隻眼睛」

人的臉上有兩隻眼睛，但我們無法同時看著對方的兩隻眼睛。

人的眼睛會把焦點集中在同一個物體上。

因此，當我們無意識地看著對方的眼睛說話，視線會自然地從對方的右眼移到左眼，再從左眼移到右眼。這會給對方你的視線在游移的印象。

這時，可以利用現在介紹的這個方法。

不過，不擅長看著對方眼睛的人就要盡量避免。你的眼神可能會給人軟弱的印象，反而造成危險。

平常就能夠看著對方眼睛說話的人，請一定要試試看這個方法。

當你提醒自己只看對方的「一隻眼睛」，你的視線就會集中在一個位置，也就是「專注凝視著」對方的眼睛，對方也會覺得「心思好像都被你看透了」。

這麼做可以增強你的「威嚴」，讓對方膽怯。

如果「威嚴」太強會造成反效果，因此要加上表情來調節。表情要十分平靜，只有眼睛盯著對方的一隻眼睛看。這樣就能適度表現出「溫柔」，又帶有「威嚴」。

⑪侵害對方的「個人空間」

這也是與對方面對面時的策略。

「個人空間」指的是，「當別人打破這個距離繼續接近，你會感到不舒服」的意思。一般人的個人空間多為一公尺左右，每個人能接受的距離有些許差異。相信各位在和其他人對話時，也會有「對方再靠近就有點不舒服」的距離。這就是你的「個人空間」。

這裡要介紹的方法是，當你和想要擺布你的人對話，可以不動聲色地縮短距離，侵害對方的個人空間，讓對方失去支配欲。

這個方法一開始可能需要一些勇氣，但在「自然的威嚴」中，是效果非常好的策略，做得到的人請一定要試試看。

舉例來說，假設你的上司經常因為一些不合理的事找你麻煩，現在正在對你說教。這時，你可以試著在不被察覺的前提下，靠近上司半個腳掌的距離（約十公分）。當一個人的個人空間被侵害，即使只是短短的十公分，也會令人感覺到強烈的壓迫感，覺得自己的身體被向後推擠。此外，在感覺到壓迫感時，不只是身體受到影響，精神也會感覺到壓迫，攻擊欲與強勢都會跟著消退。當然也就沒有精神再對你說教。

也就是說，當你用這個方法在對方沒有察覺的狀態下威嚇對方，就能有效削減對方想要擺布支配你的念頭。

以占有精神優勢的策略來說，侵害個人空間的實際效果比看起來更好。我們在受到責罵時，常會不由自主地後退一步。然而事實上，後退會讓對方感覺到自己的支配是有效的，因此對方的壓迫反而會更加嚴重。然而，如果我們做出相反的反應，也就是在對方沒有察覺的前提下前進半步，進入對方會感到不舒服的距離，對方的攻勢就會大幅減弱，甚至提不起勁來擺布你。

或許有些人會覺得：「在對方發怒時還往前站，對方不會認為我是在挑釁嗎？」事實上是不會的。當然，如果你往前站時是邁大步又十分明顯地往前跨，或許就會被視為挑釁，但如果是悄悄地往前半個腳掌的距離，對方會先感覺到原因不明的壓迫感，接著就因為這股壓迫感而失去斥責你的意欲。

若你覺得這個方法很難做到，可以用以下的方法嘗試看看。

「因為太認真聽對方說話，身體自然向前傾，不經意間就靠近了對方。」

「因為真的很深刻地在反省，想要好好聽對方說話，身體自然前傾，不知不覺間就靠近了對方。」

也就是說，你可以用認真的表情一邊點頭，一邊裝作認真的樣子，一點一點接近對方。如果你必須道歉，也可以在道歉時稍微往前。如此一來，對方就會不知道該怎麼應對。

利用「接近對方」的方式，稍微強烈地表現出「請再多告訴我一些」「多教我一些」，製造出自然的「威嚴」。如果你能這樣想，在心情上要使用這個方法也會比較容易。

⑫「沉默」就是武器──先「保持沉默」

在拒絕的方法中，有一招是「以沉思的表情陷入沉默」。沉默在平常的言行中也是非常有效的武器。

請試著想像看看。

沉默寡言的人，很難看出情緒與思考。而且，沉默令人感覺尷尬。這種難以看透與尷尬也是一種「威嚴」，而我們在這裡要利用的就是沉默。

也就是說，單獨利用沉默製造出「威嚴」。「先保持沉默」也是一種可以改變「被耍得團團轉體質」的優秀策略。

舉例來說，當對方突然情緒高亢，最好的應對方式就是先保持沉默。

不要露出畏縮的表情，也不要討好對方表示你有同感，而是以充滿知性、平靜的表情保持沉默。請告訴自己，你正在演出「冷靜地試圖理解對方在說什麼」的沉思表情。

只要你在對方的眼中看起來很像那麼一回事，實際上你什麼都沒想也沒關係。

⑬有效利用「嚴肅的表情」

嚴肅認真的表情本來就很有威嚴，這個方法要說明的是如何更有效地利用這種表情。

舉例來說，當對方說出讓你覺得不舒服的笑話，你可以瞬間揚起一邊的嘴角，做出似笑非笑的表情，再立刻恢復一臉嚴肅。

什麼話都不用說，只要有一瞬間露出「似笑非笑」的表情就好，立刻恢復一臉嚴肅之後，會讓人覺得「你有意見」「你不贊同」，這也是一種會發揮作用的「威嚴」。

這個方法算是一種應用技巧，請先記住它，然後在你覺得需要的時候再試試看。

⑭假裝遲鈍

容易被耍得團團轉的人，多半都對對方的情緒與想法「過度敏感」。

就是因為你已經察覺，身體才會做出反應。而且，你的情緒與言行並沒有分開，因此會暴露出你對別人的情緒或想法有什麼感受。也就是說，你暴露出了自己的「弱點」。

因此，對方會認定你是「弱者」，也就是「可以隨心所欲控制的人」，試圖支配你，而且事實上，他可能真的做得到。

會把人耍得團團轉的人，經常會故作姿態。

他們不會直說「我希望你去做這件事」，而是以態度來暗示，等待對方出於親切自動幫他做事。

或許嘴巴上會說「沒關係」，但這些只是客套話，「希望你去做」的態度才是他們的真心。在這種狀況下，若你對別人的情緒與想法過度敏感，當然就成了絕佳的獵物。

對方就是這樣巧妙製造出「我沒有拜託你，是你自作主張」的狀況。

對方會擺出一副「我沒有拜託你」的姿態迴避責任，但表現出的態度卻是希望你去做。另一方面，你因為察覺了對方的情緒與感受而自發性地採取行動。在不知不覺間，你就處在了對方的支配之下。

現在要介紹的「假裝遲鈍」，可以從根源斬斷這種不合理的連鎖反應。

你的個性就是敏感，這是沒辦法的事，但是，你要下定決心，就算察覺了對方的狀態，也不要有反應，不要採取行動。也就是說，當對方送出各種訊號試圖控制你，你必須「假裝沒發現」。

使用這個策略的重點，在於對方真正的想法反應在「態度」上，「話語」只是客套話。而你不須回應「態度」，只要回應「話語」就好。

不論對方表現得多希望你去做某件事，你都要「故意沒看出」他的暗示。當他說出「沒關係」「我沒有要你這麼做」，你再回應：「啊，是這樣嗎？」「那就好。」

雖然你很想對對方的「態度」做出反應，但是這時必須故意只對「話語」有反應。

當你持續做出不回應對方期待的反應，對方就會了解，「如果沒有直接說出來，你就不會幫他做事」。

這時，在對方眼中，你就不再是會自動照顧他的人，而是一個自立的「獨立者」。你可以自己決定是否要回應對方的請託。你和對方的關係已經不是主從，而是個人對個人的對等關係。

⑮堅持自己「沒有意見」

喜歡把人耍得團團轉的人，只要一有機會就會展現自己的優勢，也會強勢主張自己的想法或意見，試圖讓別人跟他有一樣的想法。他們喜歡威嚇別人、支配別人，因此很自然會這樣做。

現在正把你耍得團團轉的人很可能也是這樣。而你現在之所以被他耍得團團轉，或許是因為你認為自己必須要和他有一樣的意見。

如果真的是這樣，那麼你沒有意見的時候，對方就不會對你展現優勢，你也不會受到同儕壓力。

當別人問你：「這件事你是怎麼想的？」你如果想回答又答不出來，或是答得不好、和對方意見不同，對方或許就會開始展現自己的優勢，說你「什麼都不懂」。

不論是你想答又答不出來，或是答得不好，答案又與對方不同，對方都會看扁你。或許就是因為這樣，你才會成為對方試圖控制的目標。

如果事關工作，有些話題確實無法用一句「沒有意見」來帶過。

不過，還是有許多不必一定要跟對方聊的話題，以及就算不知道也完全無妨的事，例如政治或經濟新聞，或是人生哲學與思想等等。

下次，你被問到這種話題時，可以試著簡潔俐落地回答：

「我沒有意見，我不知道。」

比起回答得不好，乾淨俐落地說出「沒有意見」「我不知道」，反而更能給人知性的印象。

這是因為，當你俐落地說出：「我對這件事沒有意見。」就不會在對方面前暴露出「不知道該怎麼回答」的狼狽姿態，還有攪盡腦汁卻想出的錯誤意見。

對於不了解的事硬要裝懂，試圖靠著矇混撐過去，不但會讓你自己感覺痛苦，也會讓你的立場愈來愈差。倒不如直接說出：「我對這件事沒有意見」「我不了解」。這樣既不會有矮人一截的感覺，也不會有屈辱感，自然就不會感到不安。

當你讓對方感覺到你的自信，也就是「我雖然對這件事沒有意見也不懂，但有些事情我有意見，我也懂某些事情」，這種感覺就會變成「自然的威嚴」並發揮作用。

而且，當你決定自己「沒有意見」之後，就不用再去費心思煩惱「該怎麼回答」「跟對方的意見是不是相同」。也沒有必要花費時間與精力去收集「最好事先要知道的資訊」。

也就是說，這樣就可以避免明明花了腦力卻還是屈居對方之下，受到支配，同時白白耗費了自己的時間與精力這種徒勞無功的狀況。

因此，如果對你來說是無所謂的話題，你可以積極說出：「我對這件事沒有意見，我不了解。」當你說出這句話，對方就無法再多說什麼。

或許有些人會質問你：「這很重要，為什麼你沒有意見？」這時，你只要貫徹一開始的態度就好。

「我現在不想去思考這件事。」

「之後如果我開始注意這件事，或許就會去思考，但我現在不在意它，所以沒有在想。」

只要乾脆俐落地這樣回答就好。

當你明確表達出「我現在沒有打算跟你討論這個話題」，對方就無法再對你死纏爛打。

這個方法只要使用過幾次，情況就會轉變成不論你是沒有意見還是不懂，都可以完全沒有壓力並受到旁人的包容，可以說是非常省力而且效果很好，能讓你愈來愈輕鬆，請一定要嘗試看看。

在通訊軟體上不被牽著鼻子走的五個方法

近年來，絕大部分的人在聯絡時，比起電話更常使用ＬＩＮＥ或Facebook Messenger。雖然這些通訊軟體用起來很方便，但容易被耍得團團轉的人，在使用這些軟體時也經常遇到麻煩事。

例如媽媽友們沒完沒了的傳群組訊息，或是朋友經常會傳來綿綿不絕的超長訊息。

就算無法一一回應，也不能已讀不回，總是為了處理這些訊息而浪費不少時間。相信你也多多少少有類似的經驗。

從結論來說，其實十分簡單。

無法一直回應的對象，就不要回應。本章的最後將會介紹一些巧妙的應對方法。

在此之前，先說明三個基本概念。所有的概念都是相關的，請一項一項看下去。

第一個概念是，通訊軟體本來就不是用來詳細溝通的工具。電子郵件是信件的代用品，但通訊軟體和電子郵件不同，請把它當成是一種以「用短訊做簡單溝通」為前提製作出的工具。

容易被耍得團團轉的人，多半都是性格認真的「好人」。這種人常認為，一定要逐一仔細回覆自己收到的訊息，因此才會一不小心就花了很多時間回訊息。

所以請告訴自己：「通訊軟體不是用來仔細回訊的工具。」破除自己心中「一定要仔細回訊」的迷思。

第二個基本概念是，不要跟著對方的步調走。

當我們與對方面對面說話，如果什麼都沒想，通常會配合對方的說話速度和語氣說話。

你可能會覺得，不過是說話方式而已，沒什麼了不起的，但請不要小看了它。當你沒有決定自己說話方式的主導權，也就是在深層心理上服從對方，就容易讓你陷入對方會把你要得團團轉的關係。

使用通訊軟體時也會發生類似的情況。

你是否配合著對方傳訊息來的頻率、訊息長度與語氣在回訊呢？這麼做，其實最疲累的就是你自己。

如果你有這種情形，請下定決心：「不要跟著對方的步調走。」

那麼，該怎麼做才能不跟隨對方的步調呢？方法就是接下來要說的第三個基本概念。

不跟隨對方步調的方法，就是持續表現出「我在使用通訊軟體時是這樣的人」。所謂「這樣的人」，指的是「不會仔細回訊的人」「回訊一直都很簡短的人」。

當你使用這個策略，也就是「這樣的人」＝「不會仔細回訊的人」「回訊一直都很簡短的人」，而且已經成為常態，對方就不再會對你抱持期待，也會放棄擺布你。

剛剛也提到過，想要不跟隨對方的步調，重點在於讓對方了解你是「這樣的人」而放棄。你一定要表現得毫無幹勁，「就連回一段短短的文字都覺得很麻煩」，而且必須一直維持在這種狀態，否則就不會有效。

如果不想再被別人的期待耍得團團轉，必須平常就經常讓對方失望，讓他知道「千萬不要對我有期待」。

接著要介紹具體的方法。

①先告訴對方「我不會仔細回訊息」

先前已經說明過，最重要的是必須讓對方覺得你是「這樣的人」，也就是「不會仔細回訊的人」「回訊一直都很簡短的人」。因此，今後對於新認識的對象，建議都先讓對方知道你是「這樣的人」。

舉例說，如果是LINE，可以在「狀態消息」（自己頭像下方可以輸入的一行文字）寫上「沒辦法仔細回訊」。

或是在交換LINE ID、Facebook帳號時，直接告訴對方：

「我不會仔細回LINE喔。」

「我不常看Facebook，Messenger雖然會看，但不會回得太仔細。」

②在冷淡的短句中加入「溫柔感」

前面的章節中提過好幾次，在人際關係中，「溫柔」與「威嚴」的平衡非常重要。

使用通訊軟體時，「回訊總是很簡短」，是一種不被對方拉著走，貫徹自己步調的態度，也算是一種「威嚴」。

你發現這一點時，可能會看著自己打出的訊息擔心：「看起來很冷淡，真的沒問題嗎？」

為了保持你一貫的態度，也為了防止對方覺得被你拋棄而產生敵意，建議在訊息中加入一點點「溫柔」。

不過，真的只能加「一點點」。不可以因為體貼對方而寫了不必要的內容。在通訊軟體上，最好比直接面對面還要強勢地牽制對方，請告訴自己：「我要把稍強的威嚴當成自己的優勢。」

有三種方法可以幫助我們不寫不必要的內容，又能展現些許「溫柔」。

第一種方法是在編輯訊息時使用輕鬆一點的語氣與「—」「～」「！」

等符號。

舉例來說，同樣是一句話的回訊，使用這些符號之後給人的印象會有很大的變化。

「了解」↓「了解囉」「了解！」

「確實是這樣」↓「確實是這樣～」「確實是這樣！」

「我知道了」↓「我知道了～」「我知道了！」

「就這麼做吧」↓「就這麼做吧～」「就這麼做吧！」

「謝謝你」↓「謝謝你～」「謝謝你！」

也就是說，利用這些小技巧可以緩和文字給人的印象，用不須動腦的「溫柔」包裝冷淡的短文。

第二種方法則是利用「貼圖」。同樣是表達「我知道了」，使用貼圖不但瞬間就能回訊，而且完全不會給人不舒服的感覺。

有些人會先用文字回一串訊息，最後再使用貼圖，但通訊軟體的好處就在於不須要這麼拘泥，貼圖本來就可以單獨用來回覆，所以我們當然要好好利用通訊軟體的這項優點。

第三個重點是「署名」。

請比較看看以下的兩個範例。

「我了解了。」

「我了解了。田中。」

即使是只有一句話的回訊，在最後加上自己的名字，看起來就會比較有禮貌，這也就是加上了一點「溫柔」。這種方法可以用於不適合在說話時沒大沒小的對象上，例如年紀比你大的媽媽友等等。

③不展露自己的情緒

在先前的章節中提過，使用通訊軟體的基本思考方式，就是一定要表現得毫無幹勁，「就連回一段短短的文字都覺得很麻煩」，而且必須一直維持這種狀態。

之所以這麼說，是因為持續表現出「我就是這樣的人」，也就是「不會仔細回訊的人」「回訊一直都很簡短的人」，這一點非常重要。

以這一點來說，「不展露自己的情緒」也是理所當然的策略，相信各位都能理解。

在方法①說過，「！」也是能夠緩和冷淡語氣的小工具之一。不過，這裡所說的「！」是用來增添少許的「溫柔」。

舉例來說，當你很開心，在通訊軟體上說「謝謝！」或「就這麼做吧！」當然沒問題，但如果你送出的訊息是「謝謝！！！！」或「就這麼做吧！！！！！」對方就會從文字訊息中察覺你的情緒。

如此一來，下次當你用平常的情緒回訊，和上次興奮的回訊就會產生很大的落差，對方也會因此感到失落。

如果你不希望對方因失望而引發問題，或是因為惹對方討厭而造成麻煩，最好的方法就是不要在每次回訊時改變情緒。

不論是好的情緒或不好的情緒都不要表現出來，一概以「毫無幹勁」的感覺回覆一些「安全的」內容就好。請把這個方法當成鐵則。

因此，也必須注意「表情符號」的使用方法。

即使對方大量使用表情符號，你也盡量不要跟著用。如果要用，就以方法①說明的「增添溫柔」的方式，「每次回訊只用一個安全的表情符號」。

另外，除了不要連續使用「！」，也最好不要一次用太多個「？」。

提出問題時，如果使用太多個問號，例如：「這是～～嗎？還是〇〇？如果是要怎麼辦？？？」就會造成你正在情緒化逼問對方的印象。

也就是說，連打好幾個「？」也會暴露出自己的情緒，讓「我就是這樣的人」的基本人設跟著崩塌。

提出問題時，建議配合一些可以取代「？」的符號，例如「這是～～嗎？也有點像是○○。如果是，該怎麼辦呢～」。

④回覆「安全的場面話」

當對方傳來抱怨或是很長的訊息，只要按照基本原則，就不用再煩惱該怎麼回覆。

若你覺得對方「很麻煩」「無法一一回覆」，只要貫徹「我就是這樣的人」＝「不會仔細回訊的人」「回訊一直都很簡短的人」的原則就好。

不過，如果對方傳來的是抱怨或是很長的訊息，我們也無法只回覆「了解」或「真的是這樣」。但也不想回得落落長，這時就可以使用現在要介紹的技巧，也就是回覆「安全的場面話」。

其實也算不上是什麼技巧，這真的很簡單。

回覆「安全的場面話」，就是送出「簡短但跟對方有共鳴的話語」。舉例來說，當對方抱怨，你就回：「真的，那樣有點討厭。」當對方找你商量，就回覆：「我懂你的煩惱。」

這時，可以使用「回覆功能」。

LINE和Facebook Messenger都有引用對方訊息，並針對這段訊息做出回覆的功能。

只要利用這個功能，就能表現出「我有好好看過也回覆了」的誠懇態度。因此，即使回覆的內容很簡短，也不會有冷淡不誠懇的感覺。

容易被耍得團團轉、性格認真的「好人」，在收到抱怨或商量的長訊息時，多半都會拚命思考後才回覆吧。

不過，要在通訊軟體上發揮你的誠懇，本來就是很困難的。之前在基本概念中也提過，通訊軟體本來就不是用來詳細溝通的工具，尤其ＬＩＮＥ更是如此。

相信你也有過很多次經驗，在ＬＩＮＥ看到太長的訊息，必須點下「繼續閱讀」才會打開另一個視窗。這一點可以證明，ＬＩＮＥ真的不是用來傳送長訊息的工具。

用一張貼圖或一句短短的訊息來回覆，以過去的常識來說會覺得沒禮貌，但這種回覆方式正是通訊軟體的原則。

也就是說，不合常理的是送出冗長訊息的人。你不須配合對方，只要配合通訊軟體的特性就好。

當你能這樣想，就不會感受到良心的呵責，能夠用安全的「場面話」輕鬆回覆訊息。當然，對於想要仔細回覆訊息的對象，你還是可以花時間好好和對方互動。

⑤不想再聊時就說「我有事」

最後是對方東拉西扯、不想結束時的策略。

這個方法也很簡單，最有效的就是騙對方「我有事」。

「啊，我要準備出門了。」

「抱歉，我要開會了，下次再聊。」

「已經這個時間了！明天得早起，我要去睡了～」

說什麼謊都可以，只要你表現出「因為有事所以無法再回訊」，對方也就不會再繼續傳訊息傳個不停。

或許有些人對於編造謊言有抗拒感，不過，有時候站在對方的立場，謊言或許才是比較親切的選擇。

如果我們跟對方說：「已經聊了很久了，差不多該結束了吧？」對方可能會感到受傷，因此才會選擇說自己等一下有事。這一招不僅包含「我要下線了」的「威嚴」，同時也具備對對方的「溫柔」。

以上就是使用通訊軟體時的基本應對方法。當然，這些全部都是用來應付對你而言無足輕重、但又不想被他討厭的對象。因此，當你面對親密的人，就不用理會這些策略，可以盡情用自己喜歡的方式和對方交流，才能建立良好的關係。

＊＊＊

本章介紹的「自然威嚴感」策略，各位覺得如何呢？

這種策略不直接攻擊對方，也不採取挑戰性的態度，而是若無其事地威嚇對方。你是否已經了解本書主張的「散發威嚴」是怎麼回事呢？

本書介紹的策略與方法到這裡就結束了。

接下來的方法4是介紹在學習過前面章節的基礎後，如何重新建立不再「被耍得團團轉」的自我形象，也就是最後一個階段。

方法4

成為討人喜歡的魅力型人物

別「緊抓不放」，你該做的是「吸引對方」

在所有人際關係中，你能夠向對方發揮的力量有兩種。一種是「抓力」，另一種是「吸引力」。

相信許多閱讀本書的讀者都偏重於「抓力」，不擅長發揮「吸引力」。光是依賴「抓力」，當然也能建立人際關係，但這種方法效率很差。

當你愈是緊緊抓住對方不放，你的「吸引力」就會隨之下降。這時，你就會出現只能靠抓緊對方來維持關係的「抓緊依賴症」。

如此一來，對方就會因為「你會自己抓住他，他完全不須要努力」而輕蔑地對待你，或是覺得你「老是緊抓著他，很煩」。

在這種狀況下，如果你繼續發揮「抓力」，對方就會覺得你是他支配下的一員，就像是自己的一部分，試圖隨心所欲地操縱你。這是出自「討好我的人地位比我低，可以控制」的心理。

這也就是你「被對方耍得團團轉的狀態」。

為了脫離這個狀態，解除你與對方的主從關係，今後請更加注意「吸引力」，努力讓自己能夠發揮這種能力。

所謂的「吸引力」，其實也就是「領袖魅力」。具有領袖魅力的人，不用主動去靠近別人，周遭的人就會自然地被他吸引。也就是說，希望你成為一個具有這種魅力的人。

抑制「抓力」，成為擁有領袖魅力的人。

該怎麼做才能發揮這種力量呢？乍看之下似乎很難，但其實是有訣竅的，只要抓住訣竅，每個人都做得到。

這個訣竅就是，**在自己身上製造一部分的「陰影」，成為帶有神祕氣息的人。**

說得再詳細一點，就是「不暴露出自己的全部」，同時要「大大方方出現在眾人面前」。

說到「不暴露出自己的全部」，或許會有人以為必須盡量避免出現在眾人面前，其實「不暴露出自己的全部」與「大大方方出現在眾人面前」兩者可以同時成立，並沒有矛盾。

不暴露自己的情緒，盡量不公開自己的各項資訊，但同時展露出大方的態度。

也就是說，增加「對方必須對你費心思的部分」。

如果你不公開自己的一切，對方就必須去想像「這個人在想什麼，他有什麼感受」，也會覺得「我不了解這個人，必須多注意」。

像這樣增加對方對你費心思的部分，你的「溫柔」與「威嚴」才能保持平衡，這也是你不再被輕忽、受到尊重的第一步。

本書在開頭就說過，要想不再被耍得團團轉就必須「做出與自己內心所思所想不同的言行」。這是因為容易被耍得團團轉的人往往太過敞開心扉，才會讓對方有機可乘。

或許你已經發現了，這個章節介紹的內容和之前說明過的事，全部都有關聯。

只依賴「抓力」的人，會抓住對方不放，希望對方「理解我」「讚美我」「接受我」，過度暴露自己的內心，因此容易陷入被耍得團團轉的人際關係中。

你過去使用了太多的「抓力」，所以今後請盡量避免使用，轉而發揮「吸引力」。

發揮「吸引力」的訣竅在於，不暴露自己的情緒，盡量不公開自己的資訊，但表現出大方的態度。利用方法1介紹的「比對方高一階」的觀念與行動與對方接觸，扮演一名「紳士型人士」。

請盡快在日常生活中加入方法1介紹的五種戰術，實際使用看看。

如此一來，你就能擁有深不見底的「魅力」。也就是不暴露自己情緒，盡量不公開自己資訊，但表現出大方的態度，藉此打造出深不見底的魅力，也就是「吸引力」。

之所以能產生這樣的效果，是因為人的魅力是「展露出來的部分」乘以「沒展露出來的部分」。

如果「展露出來的部分」是一〇〇，而「沒展露出來的部分」是〇，當我們用一〇〇乘以〇，結果魅力還是〇。

令人意外的是，很多人都會陷入這個困境。

太希望自己被了解、被讚美、被接納，因此用一〇〇：〇的比例暴露出了自己的全部，只發揮了「抓力」。結果就是失去了對方本來會想了解的「陰影部分」，對方也因此輕視你，甚至陷入耍人與被耍的主從關係。

你的魅力，取決於你增加了多少「沒展露出來的部分」。

比起光明，人往往更會被「陰影」的部分吸引。

當你身上「沒展露出來的部分」增加了，身邊的人就會覺得你擁有某種魅力，對「沒展露出來的部分」產生興趣，也有人會積極試圖接近你。

不過，即使你和特定的某個人拉近了距離，你們建立起來的也不會是過去經常陷入的主從關係。

因為被吸引的是對方，是否要與對方親近，要保持多遠的距離，主導權掌握在你的手中。

當你能夠發揮魅力這種「吸引力」，耍弄你的人就會消失。不論你要與誰親近，都不用再擔心被人耍弄。

國家圖書館出版品預行編目資料

擺脫被操控的人生：學會拒絕,遠離想控制你的人/ Joe作；劉淳譯. -- 初版. -- 新北市：世茂出版有限公司, 2023.03
面； 公分. -- (心靈叢書；9)
ISBN 978-626-7172-17-9(平裝)

1.CST: 人際傳播 2.CST: 人際關係 3.CST: 溝通技巧

177.3 111021234

心靈叢書9

擺脫被操控的人生：學會拒絕，遠離想控制你的人

作　　者／Joe
譯　　者／劉淳
主　　編／楊鈺儀
封面設計／林芷伊
出 版 者／世茂出版有限公司
地　　址／(231)新北市新店區民生路19號5樓
電　　話／(02)2218-3277
傳　　真／(02)2218-3239（訂書專線）
劃撥帳號／19911841
戶　　名／世茂出版有限公司　單次郵購總金額未滿500元（含），請加80元掛號費
世茂網站／www.coolbooks.com.tw
排版製版／辰皓國際出版製作有限公司
印　　刷／世和彩色印刷股份有限公司
初版一刷／2023年3月

ＩＳＢＮ／978-626-7172-17-9
ＥＩＳＢＮ／9786267172247 (EPUB)／9786267172230 (PDF)
定　　價／320元